Collection dirigée par Hélène Potelet et Georges Décote

Contes
de Perrault

classiques Hatier

Un genre

Le conte merveilleux

Marie-Hélène Philippe,
agrégée de Lettres classiques

Cécile Arsène,
certifiée de Lettres classiques

© Hatier
Paris 2005
ISBN 978-2-218-75109-7
ISSN 0184 0851

HATIER

L'air du temps

1697, parution des *Contes de ma mère l'Oie*

■ Les huit contes, qui composent ce recueil, également intitulé *Histoires ou Contes du temps passé*, ont fait la renommée de Charles Perrault.

■ Le long règne de Louis XIV (1643-1715) entre dans sa phase de déclin. La crise économique est profonde et la famine ravage la population.

À la même époque...

■ **La Bruyère** publie ses *Caractères*, dont vingt-cinq mille exemplaires sont vendus en 1688.

■ **La Fontaine** fait paraître le dernier livre de ses *Fables* en 1694.

■ **Le Traité de Ryswick**, qui met fin à une guerre menée par la France contre la Ligue d'Augsbourg, est signé en 1697.

■ **Les frères Le Nain** (Antoine, Louis et Mathieu), peintres de la « réalité », signèrent longtemps leurs tableaux uniquement de leur nom de famille. On attribue à Louis *Le Repas des paysans*.

Sommaire

Introduction

Charles Perrault (1628-1703)

En 1628, naissent, à Paris, Charles et François son jumeau (décédé peu après), fils de Pierre Perrault, un avocat d'origine tourangelle. Charles a quatre frères aînés, dont Pierre et Claude, qui vont jouer un rôle important dans sa vie. Il obtient une licence de droit qui devait le conduire à embrasser, comme son père, une carrière d'avocat ; mais il ne plaide que deux fois. Son frère Pierre, Receveur général des finances, lui procure un emploi important dans ses services. Toutefois, Charles, qui a très tôt montré du talent pour la poésie, se fait connaître par des odes au jeune roi Louis XIV à l'occasion du mariage de celui-ci en 1660, puis de la naissance du Dauphin en 1661. Peu après, on lui propose un poste de haut fonctionnaire : il devient le « commis » du ministre Colbert en 1663.

L'Académicien, chef de file des Modernes

Charles Perrault entre en 1671 à l'Académie française[1] et joue parallèlement un rôle important dans l'organisation d'autres académies : celle de peinture et sculpture, et celle des sciences où entre son frère Claude, architecte. Il inspire à ce dernier l'idée de la fameuse

---

1. L'Académie Française, a été créée par Richelieu en 1635. Elle fut alors chargée de rédiger le Dictionnaire.

colonnade du Louvre. Le projet, présenté par Claude Perrault, Le Vau et Le Brun, est agréé par le roi en 1667. Élu chancelier de l'Académie en 1672, Charles obtient la lucrative charge de Contrôleur général des bâtiments et jardins, arts et manufactures de France.

En 1687, il écrit un poème, « Le siècle de Louis le Grand », où il affirme que les auteurs contemporains sont supérieurs à ceux de l'Antiquité gréco-latine. C'est le point de départ d'une dispute passionnée entre les « Anciens », dont Boileau est le porte-parole, et les « Modernes », dont Perrault devient le chef de file.

Le père de famille

Marié en 1672, Charles Perrault a eu quatre enfants. Peu après la naissance du plus jeune, Pierre, il perd son épouse. Il se consacre alors à l'éducation de ses enfants, surtout à partir de 1683, où il s'est retiré de la vie publique. Il leur raconte les histoires qui se transmettaient oralement de génération en génération. Pierre, adolescent, aurait recueilli certains contes de cette tradition orale et les aurait rédigé à sa façon. Il n'a pas encore dix-neuf ans quand paraissent en 1697, sous sa signature « P. Darmancour » (ou « d'Armancourt »), les *Contes de ma mère l'oie* intitulés également *Histoires ou Contes du temps passé, avec des moralités*.

La paternité des *Contes de ma mère l'Oie* : une énigme policière

Après trois siècles, la question de la paternité de ces contes se pose toujours. Autant nous sommes sûrs que Charles Perrault est l'auteur des contes en vers, dont *Peau d'Âne* publié en 1691, autant le doute subsiste à propos des contes en prose.

Il faut dire qu'au XVIe siècle aucune loi ne protégeait les droits d'auteur. Beaucoup de livres étaient publiés anonymement. On peut comprendre que Charles Perrault personnage public, polémiste[2] engagé dans une querelle entre académiciens, n'ait pas voulu signer

| **2.** Auteur qui écrit pour combattre certaines idées littéraires et pour défendre les siennes.

des histoires pour enfants : l'idée d'une littérature destinée à un jeune publie était encore récente. Les *Fables* de La Fontaine étaient la première grande œuvre de ce genre. Perrault avait déjà essuyé maints quolibets à la publication de ses contes en vers, notamment de *Peau d'Âne*.

Pour certains critiques, c'est Pierre Darmancour, son fils, qui a écrit les *Contes de ma mère l'Oie*. Ils s'appuient sur un double constat : aucun autre conte n'a été publié depuis, or Pierre Darmancour a été tué à la guerre en 1700.

D'autres critiques se fondent sur la notice nécrologique[3] parue dans une revue à la mort de Charles Perrault, pour penser qu'il est bien l'auteur des contes en prose, car il y est fait allusion à « La Belle au bois dormant », présentée comme son œuvre. Or, cette revue avait annoncé, dès janvier 1697, que l'auteur de « La Belle au bois dormant » venait de faire paraître un « recueil de contes qui en contient sept autres ».

L'opinion la plus répandue est que probablement Perrault a encouragé son fils à recueillir et à rédiger les *Contes de ma mère l'oie*, mais qu'il les a retouchés par la suite.

La pérennité des contes de Perrault

Les salons précieux[4] qui avaient lancé dès 1690 la mode des contes, comme ceux de Madame d'Aulnoy, accueillirent les contes de Perrault avec enthousiasme. Puis ils furent relégués dans les éditions enfantines qui les abrégeaient, déformant souvent le texte original.

Au XIXe siècle fut enfin reconnue la valeur littéraire des contes de Perrault. Ils constituent l'œuvre française la plus traduite dans le monde. Si la plupart des enfants les connaissent même avant de savoir lire, bien des adultes estiment que ce recueil s'adresse autant à eux qu'aux enfants. La langue en est élégante et recherchée, sous une apparente simplicité. La peinture de la société française de la fin

---

3. Écrit qui résume la vie et l'œuvre d'une personne décédée.
4. Salons de dames élégantes et raffinées qui avaient lancé la mode d'un langage recherché et de romans d'amour « à l'eau de rose ».

du XVIIe siècle est vivante et réaliste. Il serait donc naïf de croire cette œuvre trop connue pour mériter une lecture plus attentive.

En fait, en cette fin de siècle, où l'on commençait à s'intéresser à l'éducation, les contes étaient conçus comme une voie vers un apprentissage lettré. Les contes sont à l'origine d'une quantité de romans, nouvelles, films, dessins animés et opéras : « La Barbe bleue » a inspiré à Jacques Offenbach l'opéra *Barbe-bleue* (1866), et à Sale Bartok son *Château du Prince Barbe bleue.* Le livret de *La Cenerentola de* Rossini est fidèle, dans ses grandes lignes, à « Cendrillon ».

Les sources des contes

Ainsi que le souligne le deuxième titre du recueil, il s'agit d'« histoires du temps passé » ; l'auteur ne prétend pas les avoir inventées. Le premier titre, *Contes de ma mère l'oie*, fait allusion à une *aïeule imaginaire,* représentant toutes celles qui, depuis la nuit des temps, racontent des histoires aux enfants. Perrault souligne ce caractère ancien par des phrases comme « Tire la chevillette, la bobinette cherra », utilisant des mots qui ne s'employaient plus à son époque.

Partisan des sources modernes d'inspiration, Perrault veut donner ses lettres de noblesse au folklore et à la littérature populaire de notre patrimoine.

En conclusion...

Perrault est un personnage à plusieurs facettes, homme politique érudit autant que poète. Il serait fort étonné d'apprendre qu'il est passé à la postérité grâce à des contes, qui ne représentent qu'une petite partie de ce qu'il a écrit, s'il en est, comme on s'accorde généralement à le dire, l'auteur principal.

Texte 1

La Belle au bois dormant

Il était une fois un roi et une reine, qui étaient si fâchés[1] de n'avoir point d'enfants, si fâchés qu'on ne saurait dire. Ils allèrent à toutes les eaux du monde[2] ; vœux, pèlerinages, menues dévotions[3], tout fut mis en œuvre, et rien n'y faisait. Enfin pourtant la reine devint grosse, et accoucha d'une fille : on fît un beau baptême ; on donna pour marraines à la petite princesse toutes les fées qu'on pût trouver dans le pays (il s'en trouva sept), afin que chacune d'elles, lui faisant un don, comme c'était la coutume des fées en ce temps-là, la princesse eût par ce moyen toutes les perfections imaginables.

Après les cérémonies du baptême toute la compagnie revint au palais du roi, où il y avait un grand festin pour les fées. On mit devant chacune d'elles un couvert magnifique, avec un étui d'or massif, où il y avait une cuiller, une fourchette, et un couteau de fin or, garni de diamants et de rubis. Mais comme chacun prenait sa place à table, on vit entrer une vieille fée qu'on n'avait point priée, parce qu'il y avait plus de cinquante ans qu'elle n'était sortie d'une tour et qu'on la croyait morte, ou enchantée[4].

Le roi lui fit donner un couvert, mais il n'y eut pas moyen de lui donner un étui d'or massif, comme aux autres, parce que l'on n'en avait fait faire que sept pour les sept fées. La vieille crut qu'on la méprisait, et grommela quelques menaces entre ses dents. Une des jeunes fées qui se trouva auprès d'elle l'entendit, et jugeant qu'elle pourrait donner quelque fâcheux don à la petite princesse, alla dès qu'on fut sorti de table se cacher derrière la tapisserie, afin de parler la dernière, et de pouvoir réparer autant qu'il lui serait possible le mal que la vieille aurait fait.

1. Tristes.
2. Certaines sources thermales étaient censées guérir les femmes stériles.
3. Pratiques religieuses envers un saint.
4. Victime d'un enchantement.

Cependant les fées commencèrent à faire leurs dons à la princesse. La plus jeune lui donna pour don qu'elle serait la plus belle personne du monde, celle d'après qu'elle aurait de l'esprit comme un ange, la troisième qu'elle aurait une grâce admirable à tout ce qu'elle ferait, la quatrième qu'elle danserait parfaitement bien, la cinquième qu'elle chanterait comme un rossignol, et la sixième qu'elle jouerait de toutes sortes d'instruments dans la dernière perfection. Le rang de la vieille fée étant venu, elle dit, en branlant la tête encore plus de dépit que de vieillesse, que la princesse se percerait la main d'un fuseau[5] et qu'elle en mourrait.

Ce terrible don fit frémir toute la compagnie, et il n'y eut personne qui ne pleurât. Dans ce moment, la jeune fée sortit de derrière la tapisserie, et dit tout haut ces paroles : « Rassurez-vous, roi et reine, votre fille n'en mourra pas ; il est vrai que je n'ai pas assez de puissance pour défaire entièrement ce que mon ancienne a fait. La princesse se percera la main d'un fuseau ; mais au lieu d'en mourir, elle tombera seulement dans un profond sommeil qui durera cent ans, au bout desquels le fils d'un roi viendra la réveiller. »

Le roi, pour tâcher d'éviter le malheur annoncé par la vieille, fit publier aussitôt un édit[6], par lequel il défendait à toutes personnes de filer au fuseau, ni d'avoir des fuseaux chez soi sur peine de la vie.

Au bout de quinze ou seize ans, le roi et la reine étant allés à une de leurs maisons de plaisance, il arriva que la jeune princesse courant un jour dans le château, et montant de chambre en chambre, alla jusqu'au haut d'un donjon dans un petit galetas[7], où une bonne vieille était seule à filer sa quenouille[8].

---

5. Bobine allongée aux extrémités pointues, pour filer la laine (« Se documenter », p. 24).
6. Décision royale qui avait valeur de loi et qui était proclamée à travers le pays.

7. Pièce sous les toits.
8. Bâton planté au milieu d'une boule de laine brute (voir « Se documenter », p. 24).

Cette bonne femme n'avait point ouï[9] parler des défenses que
60 le roi avait faites de filer au fuseau.

« Que faites-vous là, ma bonne femme ? dit la princesse.

– Je file, ma belle enfant, lui répondit la vieille qui ne la
connaissait pas.

– Ah ! que cela est joli, reprit la princesse, comment
65 faites-vous ? Donnez-moi que je voie si j'en ferais bien autant. »

Elle n'eut pas plus tôt pris le fuseau, que comme elle était
fort vive, un peu étourdie, et que d'ailleurs l'arrêt[10] des fées
l'ordonnait ainsi, elle s'en perça la main, et tomba évanouie.

La bonne vieille, bien embarrassée, crie au secours ; on vient
70 de tous côtés, on jette de l'eau au visage de la princesse, on la
délace[11], on lui frappe dans les mains, on lui frotte les tempes
avec de l'eau de la reine de Hongrie[12] ; mais rien ne la faisait
revenir.

Alors le roi, qui était monté au bruit, se souvint de la prédic-
75 tion des fées, et jugeant bien qu'il fallait que cela arrivât,
puisque les fées l'avaient dit, fit mettre la princesse dans le
plus bel appartement du palais, sur un lit en broderie d'or et
d'argent. On eût dit d'un ange, tant elle était belle ; car son
évanouissement n'avait pas ôté les couleurs vives de son teint :
80 ses joues étaient incarnates[13], et ses lèvres comme du corail ;
elle avait seulement les yeux fermés, mais on l'entendait
respirer doucement, ce qui faisait voir qu'elle n'était pas
morte.

Le roi ordonna qu'on la laissât dormir en repos jusqu'à ce
85 que son heure de se réveiller fût venue. La bonne fée qui lui
avait sauvé la vie, en la condamnant à dormir cent ans, était

---

9. Entendu.
10. Décision d'une autorité supérieure qui a force de loi.
11. Voir « Se documenter : Parures et vête-ments féminins au XVIIe siècle », p. 78.

12. La reine Isabelle de Hongrie se servait, pour réveiller d'un évanouissement, d'un mélange à base d'alcool et de romarin, dont l'usage s'était répandu en France.
13. Rose vif.

dans le royaume de Mataquin, à douze Mille lieues[14] de là, lorsque l'accident arriva à la princesse ; mais elle en fut avertie en un instant par un petit nain, qui avait des bottes de sept
90 lieues (c'était des bottes avec lesquelles on faisait sept lieues d'une seule enjambée). La fée partit aussitôt, et on la vit au bout d'une heure arriver dans un chariot tout de feu, traîné par des dragons. Le roi lui alla présenter la main à la descente du chariot. Elle approuva tout ce qu'il avait fait ; mais comme
95 elle était grandement prévoyante, elle pensa que quand la princesse viendrait à se réveiller, elle serait bien embarrassée toute seule dans ce vieux château : voici ce qu'elle fit. Elle toucha de sa baguette tout ce qui était dans ce château (hors le roi et la reine), gouvernantes[15], filles d'honneur[16], femmes de chambre,
100 gentilshommes[17], officiers[18], maîtres d'hôte, cuisiniers, marmitons, galopins[19], gardes, suisses[20], pages, valets de pied[21] ; elle toucha aussi tous les chevaux qui étaient dans les écuries avec les palefreniers, les gros mâtins de basse-cour[22], et la petite Pouffe, petite chienne de la princesse, qui était auprès d'elle
105 sur son lit. Dès qu'elle les eut touchés, ils s'endormirent tous, pour ne se réveiller qu'en même temps que leur maîtresse, afin d'être tout prêts à la servir quand elle en aurait besoin ; les broches mêmes qui étaient au feu toutes pleines de perdrix et de faisans s'endormirent, et le feu aussi. Tout cela se fit en un
110 moment ; les fées n'étaient pas longues à leur besogne.

Alors le roi et la reine, après avoir baisé leur chère enfant sans qu'elle s'éveillât, sortirent du château, et firent publier

---

14. Une lieue est égale à 4 km environ.
15. Dames qui veillaient à la bonne conduite des filles d'honneur.
16. Jeunes filles nobles dans l'entourage d'une princesse ou d'une reine.
17. Hommes nobles servant le roi.
18. Serviteurs.
19. Enfants employés comme marmitons (aides-cuisiniers).

20. Mercenaires recrutés en Suisse, qui formaient un régiment sous Louis XIV.
21. Domestiques en livrée qui accompagnaient les seigneurs pour les aider à monter et à descendre de carrosse.
22. Chiens de garde surveillant la, « basse-cour », partie de la cour intérieure d'un château où se trouvaient les écuries et certains bâtiments.

des défenses à qui que ce soit d'en approcher. Ces défenses n'étaient pas nécessaires, car il crût dans un quart d'heure tout
115 autour du parc une si grande quantité de grands arbres et de petits, de ronces et d'épines entrelacées les unes dans les autres, que bête ni homme n'y aurait pu passer : en sorte qu'on ne voyait plus que le haut des tours du château, encore n'était-ce que de bien loin. On ne douta point que la fée n'eût encore
120 fait là un tour de son métier, afin que la princesse, pendant qu'elle dormirait, n'eût rien à craindre des curieux.

Au bout de cent ans, le fils du roi qui régnait alors, et qui était d'une autre famille que la princesse endormie, étant allé à la chasse de ce côté-là, demanda ce que c'était que des tours
125 qu'il voyait au dessus d'un grand bois fort épais ; chacun lui répondit selon qu'il en avait ouï parler. Les uns disaient que c'était un vieux château où il revenait des esprits les autres que tous les sorciers de la contrée y faisaient leur sabbat[23]. La plus commune opinion était qu'un ogre y demeurait, et que
130 là il emportait tous les enfants qu'il pouvait attraper, pour les pouvoir manger à son aise, et sans qu'on le pût suivre, ayant seul le pouvoir de se faire un passage au travers du bois. Le prince ne savait qu'en croire, lorsqu'un vieux paysan prit la parole, et lui dit : « Mon prince, il y a plus de cinquante ans
135 que j'ai ouï dire à mon père qu'il y avait dans ce château une princesse, la plus belle du monde ; qu'elle y devait dormir cent ans, et qu'elle serait réveillée par le fils d'un roi, à qui elle était réservée. »

Le jeune prince, à ce discours, se sentit tout de feu ; il crut
140 sans balancer[24], qu'il mettrait fin à une si belle aventure ; et poussé par l'amour et par la gloire, il résolut de voir sur-le-champ ce qui en était.

---

23. Le sabbat, qui a lieu le samedi, est jour de repos dans la religion juive. On prétendait alors que c'était aussi un jour de fête pour les sorciers, qui y rendaient un culte à Satan.
24. Sans hésiter.

À peine s'avança-t-il vers le bois, que tous ces grands arbres, ces ronces et ces épines s'écartèrent d'elles-mêmes pour le laisser
145 passer : il marche vers le château qu'il voyait au bout d'une grande avenue où il entra, et ce qui le surprit un peu, il vit que personne de ses gens ne l'avait pu suivre, parce que les arbres s'étaient rapprochés dès qu'il avait été passé. Il ne laissa pas[25] de continuer son chemin : un prince jeune et amoureux est
150 toujours vaillant. Il entra dans une grande avant-cour où tout ce qu'il vit d'abord était capable de le glacer de crainte : c'était un silence affreux, l'image de la mort s'y présentait partout, et ce n'était que des corps étendus d'hommes et d'animaux, qui paraissaient morts. Il reconnut pourtant bien au nez bour-
155 geonné[26] et à la face vermeille des suisses, qu'ils n'étaient qu'en-dormis, et leurs tasses où il y avait encore quelques gouttes de vin montraient assez qu'ils s'étaient endormis en buvant. Il passe une grande cour pavée de marbre, il monte l'escalier, il entre dans la salle des gardes qui étaient rangés en haie, la cara-
160 bine sur l'épaule, et ronflant de leur mieux. Il traverse plusieurs chambres pleines de gentilshommes et de dames, dormant tous, les uns debout, les autres assis ; il entre dans une chambre toute dorée, et il vit sur un lit, dont les rideaux étaient ouverts de tous côtés, le plus beau spectacle qu'il eût jamais vu : une prin-
165 cesse qui paraissait avoir quinze ou seize ans, et dont l'éclat resplendissant avait quelque chose de lumineux et de divin. Il s'approcha en tremblant et en admirant, et se mit à genoux auprès d'elle. Alors, comme la fin de l'enchantement était venue, la princesse s'éveilla ; et le regardant avec des yeux plus tendres
170 qu'une première vue ne semblait le permettre : « Est-ce vous, mon prince ? lui dit-elle, vous vous êtes bien fait attendre. »
Le prince, charmé de ces paroles, et plus encore de la manière dont elles étaient dites, ne savait comment lui témoigner sa

---

| **25.** Ne manqua pas. | **26.** Rouge ; signe d'excès de boisson.

joie et sa reconnaissance ; il l'assura qu'il l'aimait plus que
175 lui-même. Ses discours furent mal rangés ; ils en plurent davantage ; peu d'éloquence, beaucoup d'amour. Il était plus embar-
rassé qu'elle, et l'on ne doit pas s'en étonner ; elle avait eu le
temps de songer à ce qu'elle aurait à lui dire, car il y a apparence (l'histoire n'en dit pourtant rien) que la bonne fée,
180 pendant un si long sommeil, lui avait procuré le plaisir des
songes agréables. Enfin il y avait quatre heures qu'ils se
parlaient, et ils ne s'étaient pas encore dit la moitié des choses
qu'ils avaient à se dire.

Cependant tout le palais s'était réveillé avec la princesse ;
185 chacun songeait à faire sa charge, et comme ils n'étaient pas
tous amoureux, ils mouraient de faim ; la dame d'honneur,
pressée comme les autres, s'impatienta, et dit tout haut à la
princesse que la viande[27] était servie. Le prince aida la princesse à se lever ; elle était tout habillée et fort magnifiquement ;
190 mais il se garda bien de lui dire qu'elle était habillée comme
ma mère-grand, et qu'elle avait un Collet Monté[28] ; elle n'en
était pas moins belle. Ils passèrent dans un salon de miroirs,
et y soupèrent, servis par les officiers de la princesse ; les violons
et les hautbois jouèrent de vieilles pièces, mais excellentes,
195 quoiqu'il y eût près de cent ans qu'on ne les jouât plus ; et après
souper, sans perdre de temps, le grand aumônier les maria
dans la chapelle du château, et la dame d'honneur leur tira le
rideau[29] ; ils dormirent peu, la princesse n'en avait pas grand
besoin, et le prince la quitta dès le matin pour retourner à la
200 ville, où son père devait être en peine de lui. Le prince lui dit
qu'en chassant il s'était perdu dans la forêt, et qu'il avait couché
dans la hutte d'un charbonnier, qui lui avait fait manger du
pain noir et du fromage. Le roi son père, qui était bon homme,

---

27. Le repas.
28. Collerette renforcée de carton et de fil de fer, froncée par-derrière.
29. Tout lit était entouré de rideaux pour protéger du froid.

le crut, mais sa mère n'en fut pas bien persuadée, et voyant
205 qu'il allait presque tous les jours à la chasse, et qu'il avait
toujours une raison en main pour s'excuser, quand il avait
couché deux ou trois nuits dehors, elle ne douta plus qu'il
n'eût quelque amourette : car il vécut avec la princesse plus de
deux ans entiers, et en eut deux enfants, dont le premier, qui
210 fut une fille, fut nommée l'Aurore, et le second un fils, qu'on
nomma le Jour, parce qu'il paraissait encore plus beau que
sa sœur. La reine dit plusieurs fois à son fils, pour le faire expli-
quer, qu'il fallait se contenter[30] dans la vie, mais il n'osa jamais
se fier à elle de son secret ; il la craignait quoiqu'il l'aimât,
215 car elle était de race ogresse, et le roi ne l'avait épousée qu'à
cause de ses grands biens ; on disait même tout bas à la cour
qu'elle avait les inclinations des ogres, et qu'en voyant passer
de petits enfants, elle avait toutes les peines du monde à se
retenir de se jeter sur eux ; ainsi le prince ne voulut jamais rien
220 dire. Mais quand le roi fut mort, ce qui arriva au bout de deux
ans, et qu'il se vit le maître, il déclara publiquement son
mariage, et alla en grande cérémonie quérir la reine sa femme
dans son château. On lui fit une entrée magnifique dans la
ville capitale, où elle entra au milieu de ses deux enfants.
225   Quelque temps après, le roi alla faire la guerre à l'empe-
reur Cantalabutte son voisin. Il laissa la régence[31] du royaume
à la reine sa mère, et lui recommanda fort sa femme et ses
enfants : il devait être à la guerre tout l'été, et dès qu'il fut parti,
la reine mère envoya sa bru[32] et ses enfants à une maison de
230 campagne dans les bois, pour pouvoir plus aisément assouvir
son horrible envie. Elle y alla quelques jours après, et dit un
soir à son maître d'hôtel :
     « Je veux manger demain à mon dîner la petite Aurore.

---

30. Se faire plaisir.
31. Gouvernement du pays en l'absence du roi.
32. Belle-fille.

– Ah! Madame! dit le maître d'hôtel.

235 – Je le veux, dit la reine (et elle le dit d'un ton d'ogresse qui a envie de manger de la chair fraîche), et je la veux manger à la sauce Robert[33]. »

Ce pauvre homme voyant bien qu'il ne fallait pas se jouer à[34] une ogresse, prit son grand couteau, et monta à la chambre
240 de la petite Aurore : elle avait pour lors quatre ans, et vint en sautant et en riant se jeter à son col[35], et lui demander du bonbon. Il se mit à pleurer, le couteau lui tomba des mains, et il alla dans la basse-cour couper la gorge à un petit agneau, et lui fit une si bonne sauce que sa maîtresse l'assura qu'elle
245 n'avait jamais rien mangé de si bon. Il avait emporté en même temps la petite Aurore, et l'avait donnée à sa femme pour la cacher dans le logement qu'elle avait au fond de la basse-cour. Huit jours après la méchante reine dit à son maître d'hôtel : « Je veux manger à mon souper le petit Jour. » Il ne répliqua
250 pas, résolu de la tromper comme l'autre fois ; il alla chercher le petit Jour, et le trouva avec un petit fleuret à la main, dont il faisait des armes avec un gros singe ; il n'avait pourtant que trois ans. Il le porta à sa femme qui le cacha avec la petite Aurore, et donna à la place du petit Jour un petit chevreau
255 fort tendre, que l'ogresse trouva admirablement bon.

Cela était fort bien allé jusque-là ; mais un soir cette méchante reine dit au maître d'hôtel : « Je veux manger la reine à la même sauce que ses enfants. » Ce fut alors que le pauvre maître d'hôtel désespéra de la pouvoir encore tromper. La jeune reine
260 avait vingt ans passés, sans compter les cent ans qu'elle avait dormi : sa peau était un peu dure, quoique belle et blanche ; et le moyen de trouver dans la ménagerie[36] une bête aussi dure que cela ? Il prit la résolution, pour sauver sa vie, de couper

---

33. Sauce à base d'oignons et de moutarde.
34. Contredire.
35. Cou.

36. Cabane où l'on engraissait volailles et animaux de boucherie.

la gorge à la reine, et monta dans sa chambre, dans l'inten-
265   tion de n'en pas faire à deux fois; il s'excitait à la fureur, et
entra le poignard à la main dans la chambre de la jeune reine.
Il ne voulut pourtant point la surprendre, et il lui dit avec beaucoup de respect l'ordre qu'il avait reçu de la reine mère.

« Faites votre devoir, lui dit-elle, en lui tendant le col;
270   exécutez l'ordre qu'on vous a donné; j'irai revoir mes enfants,
mes pauvres enfants que j'ai tant aimés »; car elle les croyait
morts depuis qu'on les avait enlevés sans lui rien dire.

« Non, non, Madame, lui répondit le pauvre maître d'hôtel
tout attendri, vous ne mourrez point, et vous ne laisserez pas
275   d'aller revoir vos chers enfants, mais ce sera chez moi où je les
ai cachés, et je tromperai encore la reine, en lui faisant manger
une jeune biche en votre place. »

Il la mena aussitôt à sa chambre, où la laissant embrasser
ses enfants et pleurer avec eux, il alla accommoder une biche,
280   que la reine mangea à son souper, avec le même appétit que
si c'eût été la jeune reine. Elle était bien contente de sa cruauté,
et elle se préparait à dire au roi, à son retour, que les loups
enragés avaient mangé la reine sa femme et ses deux enfants.

Un soir qu'elle rôdait à son ordinaire dans les cours et
285   basses-cours du château pour y halener[37] quelque viande
fraîche, elle entendit dans une salle basse le petit Jour qui pleurait, parce que la reine sa mère le voulait faire fouetter, à cause
qu'il avait été méchant, et elle entendit aussi la petite Aurore
qui demandait pardon pour son frère. L'ogresse reconnut la
290   voix de la reine et de ses enfants, et furieuse d'avoir été
trompée, elle commande dès le lendemain au matin, avec une
voix épouvantable qui faisait trembler tout le monde, qu'on
apportât au milieu de la cour une grande cuve, qu'elle fit
remplir de crapauds, de vipères, de couleuvres et de serpents,

| **37.** Pour y découvrir par son odorat fin, comme un chien.

295 pour y faire jeter la reine et ses enfants, le maître d'hôtel, sa femme et sa servante : elle avait donné ordre de les amener les mains liées derrière le dos. Ils étaient là, et les bourreaux se préparaient à les jeter dans la cuve, lorsque le roi, qu'on n'attendait pas si tôt, entra dans la cour à cheval ; il était venu
300 en poste[38] et demanda tout étonné ce que voulait dire cet horrible spectacle ; personne n'osait l'en instruire, quand l'ogresse, enragée de voir ce qu'elle voyait, se jeta elle-même la tête la première dans la cuve, et fut dévorée en un instant par les vilaines bêtes qu'elle y avait fait mettre. Le roi ne laissa
305 pas d'en être fâché : elle était sa mère ; mais il s'en consola bientôt avec sa belle femme et ses enfants.

MORALITÉ

Attendre quelque temps pour avoir un époux,
Riche, bienfait, galant et doux
La chose est assez naturelle,
310 *Mais l'attendre cent ans, et toujours en dormant,*
On ne trouve plus de femelle[39],
Qui dormît si tranquillement.
La fable semble encor vouloir nous faire entendre,
Que souvent de l'hymen[40] les agréables nœuds[41],
315 *Pour être différés, n'en sont pas moins heureux,*
Et qu'on ne perd rien pour attendre ;
Mais le sexe[42] avec tant d'ardeur,
Aspire à la foi conjugale,
Que je n'ai pas la force ni le cœur[43],
320 *De lui prêcher cette morale.*

---

38. Grâce à des chevaux de poste que l'on échangeait à chaque relais pour aller plus vite.
39. Fille ou femme.
40. Mariage.
41. Liens de mariage.
42. Les femmes.
43. Le courage.

Questions

Repérer et analyser

Le narrateur

Le narrateur est celui qui raconte l'histoire. Identifier son statut, c'est préciser s'il est ou non l'un des personnages de l'histoire.
S'il est personnage de l'histoire, il mène le récit à la première personne ; s'il ne l'est pas, il mène le récit à la troisième personne.

1 À quelle personne le récit est-il mené ? Le narrateur est-il un personnage de l'histoire ?

2 Le récit est-il mené aux temps du présent ou à ceux du passé ? Justifiez votre réponse.

L'ouverture du conte

La formule d'entrée

Les contes commencent en général par une formule d'entrée telle que : « Il était une fois… », « Un homme avait… », « Il y avait autrefois… », « Dans les temps anciens ».
Cette formule d'entrée, caractéristique du genre, invite le lecteur à conclure une sorte de pacte féerique : il accepte d'entrer dans un univers merveilleux dans lequel les animaux parlent et où certains personnages ou objets ont des pouvoirs magiques…

3 Relevez l'expression qui ouvre le conte. S'agit-il d'une formule traditionnelle ?

Le cadre et les personnages

L'action d'un conte se déroule dans des lieux imprécis et souvent imaginaires, dans un passé lointain, hors du temps. Les personnages sont peu caractérisés.

4 **a.** Relevez, dans les trois premières phrases, les indications de lieu et de temps. Permettent-elles de situer précisément le cadre de l'action ?

b. Relevez le seul nom propre de lieu présent dans le conte (l. 87). Ce nom vous paraît-il réaliste ou fantaisiste (imaginaire) ?

5 Qui sont les personnages qui apparaissent dans ce début de conte (l. 1 à 10) ? Quel est leur rang social ?

La structure du conte et les forces agissantes

La situation initiale et l'élément déclencheur (l. 1 à 29)

Le conte s'ouvre sur une séquence initiale qui présente :
– la situation des personnages au début de l'histoire ; le personnage principal est souvent en quête de quelque chose qui lui manque (mariage, enfant, argent, désir de découvrir le monde…) ;
– le début de l'action ; très vite un événement survient, il est souvent annoncé par une expression telle que « Or il advint que », « Un jour »…

6   a. Dans quelle situation les personnages se trouvent-ils au début du conte ? Que leur manque-t-il pour être heureux ? Citez le texte.
b. Montrez que leur manque est bientôt comblé et qu'ils vivent une situation de bonheur.
c. Quel est le personnage qui devient le héros (ou l'héroïne) du conte ?
7   Quel est l'événement qui vient rompre l'équilibre et troubler le bonheur de tous ?

Les actions

Les actions sont souvent constituées des épreuves que doit affronter le héros. Il est aidé par des adjuvants (personnages qui l'aident) et contrarié par des opposants. Ces adjuvants et opposants peuvent être des personnages réels, surnaturels, des objets magiques…

8   a. Quels sont les personnages qui veulent du bien à la princesse ?
b. Relevez les dons qui lui sont accordés. S'agit-il plutôt de qualités physiques ou de qualités morales ?
9   Quel est le personnage qui veut du mal à la princesse ? Pour quelle raison ? Quel « terrible don » ce personnage lui fait-il ?
10   a. Quel personnage adjuvant intervient pour adoucir la prédiction ?
b. Que fait le roi pour tenter d'éviter que cette prédiction ne se réalise ? Dans quelles circonstances la prédiction se réalise-t-elle finalement ?
11   Quel personnage intervient une nouvelle fois en faveur de la princesse ? De quelle façon ?
12   Quels événements surviennent cent ans après ? Montrez que le conte pourrait se terminer là.
13   a. Dans quel lieu la Belle va-t-elle habiter ?
b. Quel nouveau personnage s'oppose à son bonheur et à celui de ses enfants ? De quelle façon ?

c. Quel est le personnage qui est pour elle un adjuvant ? Quelle ruse met-il en œuvre ? Combien de fois ?

d. Dans quelle circonstance la ruse est-elle découverte ?

Le dénouement et la situation finale

> Le dénouement est le dernier événement de l'histoire.
> La situation finale présente un nouvel ordre des choses : généralement dans les contes, une situation heureuse pour les bons, malheureuse pour les méchants.

14 Quel est l'événement qui sauve la Belle et met un terme à l'action ? Cet événement arrive-t-il de façon attendue ou inattendue ?

15 Quelle est la situation finale ? Est-elle heureuse ? Pour quels personnages ?

Les éléments merveilleux

Le merveilleux

> Les contes présentent souvent des éléments merveilleux ou surnaturels que l'on ne peut rencontrer dans la réalité : personnages dotés d'un pouvoir hors du commun, animaux qui parlent, objets magiques…

16 Quels personnages surnaturels apparaissent dans le conte ?

17 **a.** Quel personnage a averti la fée de l'accident arrivé à la Belle ? Quel accessoire merveilleux ce personnage possède-t-il ?

b. Relevez les détails qui rendent spectaculaires l'arrivée de la fée (l. 91 à 94).

18 Relevez deux passages dans lesquels la forêt apparaît comme un lieu surnaturel.

La visée et le titre

> Identifier la visée d'un conte, c'est dire quelle est l'intention du narrateur et quel effet il cherche à produire chez son destinataire (lecteur, auditeur) : divertir, donner une leçon de morale… Les contes de Perrault se terminent par des moralités, souvent en vers, qui tirent des leçons des contes.

Récompense et punition

19 À la fin du conte, quels personnages sont récompensés ? Lesquels sont punis ? Cette fin vous paraît-elle morale ?

La moralité

20 Relisez la moralité.

a. Le narrateur pense-t-il que toutes les femmes peuvent attendre un mari cent années (l. 307 à 312) ?

b. Les mariages que l'on a attendus longtemps sont-ils moins heureux ou plus heureux (l. 313 à la fin) ?

Le titre

21 **a.** Quels différents sens le titre peut-il prendre ? Pour répondre, dites si on peut changer la place du mot « dormant ».

b. Le titre vous semble-t-il convenir à l'ensemble du conte ou ne s'appliquer qu'à une partie ? Justifiez votre réponse.

Écrire

Imaginer un début de conte

22 Imaginez en quelques lignes un début de conte. Vous présenterez une situation initiale dans laquelle un personnage ressentira un manque. Vous introduirez ensuite l'amorce de l'action (vous utiliserez une expression telle que : « Or, un jour il advint que, un matin… »).

Raconter à la première personne

23 Le nain, serviteur de la fée, chargé de surveiller clandestinement la princesse, assiste, muet, à la scène décrite dans les lignes 61 à 78. Il se hâte ensuite de retrouver sa maîtresse au royaume de Mataquin. Il lui raconte ce qu'il a vu. Imaginez son récit.

Se documenter

Comment filait-on la laine au XVIIᵉ siècle ?

Il n'existait aucun procédé industriel. À partir de la laine provenant de la tonte des moutons, les fileuses réalisaient en tournant la fibre entre le pouce et l'index.

Une « quenouille » est un bâton que l'on mettait au centre de la « filasse » (laine brute), dont les fileuses tiraient une petite boule, en faisaient un fil qu'elles enroulaient progressivement autour d'une bobine allongée et pointue aux deux extrémités, appelée « fuseau ». Le rouet fut inventé plus tard.

Baptêmes et mariages sous l'Ancien Régime

L'une des fonctions de l'Église, sous l'Ancien Régime, était de tenir dans chaque paroisse le registre d'état civil où figuraient baptêmes, mariages et enterrements.

• Le baptême
La cérémonie du baptême avait lieu dans les jours qui suivaient la naissance, en raison des nombreux risques de mortalité infantile. La tradition voulait que le parrain offre à la marraine – sa « commère » – un cadeau le jour du baptême.

• Le mariage
D'ordinaire, c'était le prétendant qui demandait la main de celle qu'il voulait épouser au père de celle-ci (ou à sa mère, quand elle était veuve). Mais certains jeunes gens se passaient de l'autorisation parentale sans difficulté. Pour se marier, les formalités étaient plus simples qu'aujourd'hui : il suffisait qu'un prêtre accepte de donner la « bénédiction nuptiale ». Ce sacrement ne pouvait être ni annulé ni rompu, sauf par le pape. Dans l'histoire et dans la littérature, on trouve nombre de mariages vite et secrètement bénis, pour mettre devant le fait accompli les parents qui s'y seraient opposés. C'est un peu ce qui se passe ici pour le couple des héros.

Les remariages des veufs et des veuves étaient fréquents. On parlait alors de « secondes noces ».

Le Petit Chaperon rouge

Il était une fois une petite fille de village, la plus jolie qu'on eût su voir ; sa mère en était folle, et sa mère-grand plus folle encore. Cette bonne femme[1] lui fit faire un petit chaperon rouge, qui lui seyait[2] si bien, que partout on l'appelait le Petit
5   Chaperon rouge.

Un jour sa mère, ayant cuit[3] et fait des galettes, lui dit : « Va voir comme se porte ta mère-grand, car on m'a dit qu'elle était malade, porte-lui une galette et ce petit pot de beurre. » Le Petit Chaperon rouge partit aussitôt pour aller chez sa
10 mère-grand, qui demeurait dans un autre village. En passant dans un bois elle rencontra compère le loup, qui eut bien envie de la manger ; mais il n'osa, à cause de quelques bûcherons qui étaient dans la forêt. Il lui demanda où elle allait ; la pauvre enfant, qui ne savait pas qu'il est dangereux de s'arrêter à
15 écouter un loup, lui dit :

« Je vais voir ma mère-grand, et lui porter une galette avec un petit pot de beurre que ma mère lui envoie.

– Demeure-t-elle bien loin ? lui dit le loup.

– Oh ! oui, dit le Petit Chaperon rouge, c'est par-delà le
20 moulin que vous voyez tout là-bas, là-bas, à la première maison du village.

– Hé bien, dit le loup, je veux l'aller voir aussi ; je m'y en vais par ce chemin ici, et toi par ce chemin-là, et nous verrons qui plus tôt y sera. »

25 Le loup se mit à courir de toute sa force par le chemin qui était le plus court, et la petite-fille s'en alla par le chemin le plus long, s'amusant à cueillir des noisettes, à courir après des papillons, et à faire des bouquets des petites fleurs qu'elle rencontrait.

30 Le loup ne fut pas longtemps à arriver à la maison de la mère-grand ; il heurte[4]. Toc, toc.

---

1. « Bon » signifie « vieux » devant homme ou femme. | **2.** Qui lui allait bien. | **3.** La mère avait fait du pain. | **4.** Il cogne sur la porte avec le heurtoir.

« Qui est là ?

– C'est votre fille[5] le Petit Chaperon rouge (dit le loup, en contrefaisant sa voix), qui vous apporte une galette, et un petit
35 pot de beurre que ma mère vous envoie. »

La bonne mère-grand qui était dans son lit à cause qu'elle se trouvait un peu mal, lui cria : « Tire la chevillette, la bobinette cherra[6]. » Le loup tira la chevillette, et la porte s'ouvrit. Il se jeta sur la bonne femme, et la dévora en moins de rien ;
40 car il y avait plus de trois jours qu'il n'avait mangé. Ensuite il ferma la porte, et s'alla coucher dans le lit de la mère-grand, en attendant le Petit Chaperon rouge, qui quelque temps après, vint heurter à la porte.

Toc, toc. « Qui est là ? » Le Petit Chaperon rouge, qui entendit
45 la grosse voix du loup, eut peur d'abord, mais croyant que sa mère-grand était enrhumée, répondit : « C'est votre fille le Petit Chaperon rouge, qui vous apporte une galette et un petit pot de beurre que ma mère vous envoie. » Le loup lui cria, en adoucissant un peu sa voix : « Tire la chevillette, la bobinette
50 cherra. » Le Petit Chaperon rouge tira la chevillette, et la porte s'ouvrit.

Le loup, la voyant entrer, lui dit en se cachant dans le lit sous la couverture : « Mets la galette et le petit pot de beurre sur la huche[7], et viens te coucher avec moi. » Le Petit Chaperon rouge
55 se déshabille, et va se mettre dans le lit, où elle fut bien étonnée de voir comment sa mère-grand était faite en son déshabillé[8]. Elle lui dit :

« Ma mère-grand, que vous avez de grands bras !

– C'est pour mieux t'embrasser[9], ma fille.
60 – Ma mère-grand, que vous avez de grandes jambes !

---

5. Petite-fille.
6. Tire la clé de bois (chevillette), la bobinette (barre de bois fermant la porte) tombera (verbe « choir », au futur).
7. Coffre de bois pour ranger le pain.
8. Tenue négligée que l'on porte chez soi.
9. Prendre dans ses bras et serrer contre soi.

– C'est pour mieux courir, mon enfant.

– Ma mère-grand, que vous avez de grandes oreilles !

– C'est pour mieux écouter, mon enfant.

– Ma mère-grand, que vous avez de grands yeux !

65 – C'est pour mieux voir, mon enfant.

– Ma mère-grand, que vous avez de grandes dents !

– C'est pour te manger. »

Et, en disant ces mots, ce méchant loup se jeta sur le Petit Chaperon rouge, et la mangea.

MORALITÉ

70 *On voit ici que de jeunes enfants,*
Surtout de jeunes filles,
Belles, bien faites, et gentilles,
Font très mal d'écouter toute sorte de gens,
Et que ce n'est pas chose étrange,
75 *S'il en est tant que le loup mange.*
Je dis le loup, car tous les loups
Ne sont pas de la même sorte ;
Il en est d'une humeur accorte[10]
Sans bruit, sans fiel[11] *et sans courroux*[12]*,*
80 *Qui privés*[13]*, complaisants et doux,*
Suivent les jeunes Demoiselles
Jusque dans les maisons, jusque dans les ruelles[14]*,*
Mais hélas ! qui ne sait que ces loups doucereux[15]*,*
De tous les loups sont les plus dangereux.

---

10. Aimable, gracieuse.
11. Malveillance faite d'amertume.
12. Colère.
13. Familiers.

14. Espace laissé entre le lit et le mur, où l'on installait des sièges pour les visiteurs.
15. D'une douceur forcée.

Questions

Repérer et analyser

Le narrateur

1 **a.** À quelle personne le narrateur mène-t-il le récit ?
b. Dans la moralité, le narrateur s'exprime à la première personne. Relevez le vers précis.

La formule d'entrée, les personnages, le cadre

2 Par quelle formule le conte s'ouvre-t-il ? S'agit-il de la formule traditionnelle ?

3 Relevez les indications de lieu. Dans quels différents lieux l'action se déroule-t-elle ? Se situe-t-elle dans un pays ou une région précise ?

4 Qui sont les principaux personnages du conte ? Qui sont les autres personnages ?

La structure du conte et les forces agissantes

5 Déterminez les lignes qui constituent la situation initiale. Quelle est-elle ?

6 **a.** À partir de quelle ligne l'action est-elle enclenchée ? Relevez l'indication temporelle qui marque une rupture par rapport à la situation initiale.
b. De quelle mission le Petit Chaperon rouge est-il chargé ?
c. Quelle rencontre fait-il ?
d. Quelles actions s'enchaînent ensuite ?
e. Quel est le dénouement du conte ?

Les personnages

La mère et la grand-mère

7 **a.** Quel est l'adjectif qui caractérise la mère et la grand-mère ?
b. La mère prévient-elle la petite fille du danger ? Quels sont les deux sens que peut prendre dès lors cet adjectif ? Comment qualifier le comportement de la mère ?

Le Petit Chaperon rouge

Dans un récit, le narrateur peut caractériser un personnage :
– de façon directe, en décrivant le personnage ;
– de façon indirecte : ce sont les paroles du personnage ou son comportement qui révèlent son caractère.

8 **a.** Quelle image le narrateur donne-t-il du personnage du Petit Chaperon rouge ? Pour répondre, relevez les mots et expressions qui le décrivent et prenez en compte son comportement dans l'ensemble du conte.

b. L'adjectif « petit » est très souvent répété dans le conte : quelle est son importance ?

Le mode de narration

Les paroles des personnages

Le narrateur peut rapporter les paroles des personnages au style direct en les citant, telles qu'elles ont été prononcées.

9 **a.** Repérez les passages narratifs et les dialogues. Les dialogues sont-ils nombreux ? Qui sont les différents interlocuteurs ?

b. Quel est l'effet produit par la présence des dialogues dans ce conte ?

Les ingrédients du conte

Le merveilleux

La personnification est une figure de style fréquemment utilisée dans les contes merveilleux. Elle consiste à attribuer des comportements et des sentiments humains à un animal ou à une chose.

10 **a.** Relevez les indices qui montrent que le loup est personnifié. Quelles caractéristiques de l'animal conserve-t-il ?

b. Quelle est l'image donnée du loup dans ce conte ?

Les formules répétitives

Les contes sont destinés à être racontés oralement. Le conteur se plaît à répéter certaines formules pour créer un effet.

11 Combien de fois la phrase « Tire la chevillette, la bobinette cherra » est-elle répétée ? Quels sont les personnages qui prononcent cette phrase ? Quel est l'effet produit ?

12 a. Relevez les mots et expressions qui sont répétés dans le dialogue entre le loup et le Chaperon rouge (l. 58 à la fin). Quel est l'effet produit par ces répétitions ?

b. Relisez les répliques du Petit Chaperon rouge. Quel est le type de phrase utilisé à chaque fois ? Quel sentiment l'utilisation de ce type de phrase traduit-il ?

c. Quelles sont les différentes parties du corps citées par le Petit Chaperon rouge ? Quel est le dernier élément cité ? Pour quelle raison ? Quel est l'effet produit ?

Les interventions et le regard du narrateur

– Le narrateur peut intervenir au cours du récit, en apportant des précisions et en faisant des commentaires.
– Le narrateur peut désigner le personnage par son nom mais aussi par des groupes nominaux. Le choix du groupe nominal lui permet de souligner un aspect d'un personnage ou de porter un jugement sur lui.

13 Relevez une intervention du narrateur lignes 33 à 35. À quel indice l'avez-vous repéré ? Quel est l'intérêt de ce commentaire ?

14 a. Relevez l'expression par laquelle le narrateur désigne le Petit Chaperon rouge lignes 13-14. De quel sentiment témoigne-t-il envers son personnage ?

b. Pensez-vous que, par cette expression, il invite le lecteur à partager ce sentiment ?

La visée

15 Lisez la moralité.

a. Quel avertissement le narrateur donne-t-il dans les lignes 70 à 75 ? À qui cet avertissement est-il destiné ?

b. Quelle est la seconde mise en garde qu'il fait dans les lignes 76 à la fin ? Qui sont les loups dont les jeunes filles ont à se méfier ?

Étudier la langue

Les pronoms personnels

16 **a.** Au XVIIe siècle, les pronoms personnels compléments sont souvent placés avant le verbe. Observez leur place dans les expressions suivantes : « je veux l'aller voir » (l. 22) ; « [il] s'alla coucher » (l. 41).
b. Récrivez ensuite ces expressions en rétablissant l'ordre des mots.

Se documenter

Les portes paysannes d'autrefois

Les serrures, fabriquées par les artisans des bourgades et des villes, étaient trop coûteuses pour servir à fermer les portes à la campagne. L'encadrement de pierre de celles-ci comportait une entaille du côté intérieur de la maison opposé aux charnières.

Une barre de bois, calée dans cette entaille, maintenait la porte fermée. Durant la journée, pour ouvrir la porte, on faisait basculer (« choir ») cette barre, appelée « bobinette », en tirant sur une sorte de clé en bois, la « chevillette », enfoncée dans un trou pratiqué dans la porte, et reliée à une cordelette. La nuit, on s'enfermait en enfonçant la chevillette non plus à l'extérieur, mais à l'intérieur de la maison.

Le chaperon

Un chaperon est une bande de velours ou de satin que les jeunes filles et les femmes de la campagne attachaient autrefois sur leur tête. À la ville, le chaperon était déjà démodé au temps de Perrault. L'héroïne du conte porte donc une coiffure qui n'était pas habituellement portée par les fillettes. Celle-ci est si oubliée que les illustrateurs de Perrault ont plutôt représenté le Petit Chaperon rouge avec un capuchon qui, lui, ne s'est jamais démodé.

La Barbe Bleue

Il était une fois un homme qui avait de belles maisons à la ville et à la campagne, de la vaisselle d'or et d'argent, des meubles en broderie[1], et des carrosses tout dorés ; mais par malheur cet homme avait la barbe bleue : cela le rendait si laid 5 et si terrible, qu'il n'était ni femme ni fille qui ne s'enfuît de devant lui.

Une de ses voisines, dame de qualité[2], avait deux filles parfaitement belles. Il lui en demanda une en mariage, et lui laissa le choix de celle qu'elle voudrait lui donner. Elles n'en voulaient 10 point toutes deux, et se le renvoyaient l'une à l'autre, ne pouvant se résoudre à prendre un homme qui eût la barbe bleue. Ce qui les dégoûtait encore, c'est qu'il avait déjà épousé plusieurs femmes, et qu'on ne savait ce que ces femmes étaient devenues.

15 La Barbe bleue, pour faire connaissance, les mena avec leur mère, et trois ou quatre de leurs meilleures amies, et quelques jeunes gens du voisinage, à une de ses maisons de campagne, où on demeura huit jours entiers. Ce n'était que promenades, que parties de chasse et de pêche, que danses et festins, que 20 collations[3] : on ne dormait point, et on passait toute la nuit à se faire des malices les uns aux autres ; enfin tout alla si bien, que la cadette commença à trouver que le maître du logis n'avait plus la barbe si bleue, et que c'était un fort honnête homme[4]. Dès qu'on fut de retour à la ville, le mariage se 25 conclut.

Au bout d'un mois la Barbe bleue dit à sa femme qu'il était obligé de faire un voyage en province, de six semaines au moins, pour une affaire de conséquence ; qu'il la priait de se bien divertir pendant son absence, qu'elle fît venir ses bonnes 30 amies, qu'elle les menât à la campagne si elle voulait,

---

1. Garniture qui recouvre le mobilier.
2. Noble.
3. Repas légers.

4. Au XVIIe siècle, homme d'agréable compagnie, distingué par les manières comme par l'esprit, les connaissances.

que partout elle fît bonne chère[5]. « Voilà, lui dit-il, les clefs des deux grands garde-meubles, voilà celles de la vaisselle d'or et d'argent qui ne sert pas tous les jours, voilà celles de mes coffres-forts, où est mon or et mon argent, celles des

35 cassettes[6] où sont mes pierreries, et voilà le passe-partout de tous les appartements. Pour cette petite clef-ci, c'est la clef du cabinet[7], au bout de la grande galerie de l'appartement bas : ouvrez tout, allez partout, mais pour ce petit cabinet, je vous défends d'y entrer, et je vous le défends de telle sorte, que s'il

40 vous arrive de l'ouvrir, il n'y a rien que vous ne deviez attendre de ma colère[8]. »

Elle promit d'observer exactement tout ce qui lui venait d'être ordonné ; et lui, après l'avoir embrassée, il monte dans son carrosse, et part pour son voyage.

45 Les voisines et les bonnes amies n'attendirent pas qu'on les envoyât quérir[9] pour aller chez la jeune mariée, tant elles avaient d'impatience de voir toutes les richesses de sa maison, n'ayant osé y venir pendant que le mari y était, à cause de sa barbe bleue qui leur faisait peur. Les voilà aussitôt à parcourir

50 les chambres, les cabinets, les garde-robes[10], toutes plus belles et plus riches les unes que les autres. Elles montèrent ensuite aux garde-meubles, où elles ne pouvaient assez admirer le nombre et la beauté des tapisseries, des lits, des sophas, des cabinets[11], des guéridons, des tables et des miroirs, où l'on se

55 voyait depuis les pieds jusqu'à la tête, et dont les bordures, les unes de glace, les autres d'argent et de vermeil doré, étaient les plus belles et les plus magnifiques qu'on eût jamais vues. Elles ne cessaient d'exagérer et d'envier le bonheur de leur amie, qui cependant ne se divertissait point à voir toutes ces

---

5. De bons repas.
6. Coffrets avec serrure.
7. Petite pièce située à l'écart.
8. Vous devez tout attendre de ma colère.

9. Chercher.
10. Pièces où l'on range les vêtements.
11. Ici, meubles à plusieurs comparti-
ments pour ranger des objets précieux.

60 richesses, à cause de l'impatience qu'elle avait d'aller ouvrir le cabinet de l'appartement bas.

Elle fut si pressée de[12] sa curiosité, que sans considérer qu'il était malhonnête[13] de quitter sa compagnie, elle y descendit par un petit escalier dérobé et avec tant de précipitation, 65 qu'elle pensa se rompre le cou deux ou trois fois. Étant arrivée à la porte du cabinet, elle s'y arrêta quelque temps, songeant à la défense que son mari lui avait faite, et considérant qu'il pourrait lui arriver malheur d'avoir été désobéissante ; mais la tentation était si forte qu'elle ne put la surmonter : elle 70 prit donc la petite clef, et ouvrit en tremblant la porte du cabinet.

D'abord elle ne vit rien, parce que les fenêtres étaient fermées après quelques moments elle commença à voir que le plancher était tout couvert de sang caillé, et que dans ce sang se 75 miraient les corps de plusieurs femmes mortes et attachées le long des murs (c'était toutes les femmes que la Barbe bleue avait épousées et qu'il avait égorgées l'une après l'autre). Elle pensa mourir de peur, et la clef du cabinet, qu'elle venait de retirer de la serrure, lui tomba de la main. Après avoir un 80 peu repris ses esprits, elle ramassa la clef, referma la porte, et monta à sa chambre pour se remettre un peu, mais elle n'en pouvait venir à bout, tant elle était émue.

Ayant remarqué que la clef du cabinet était tachée de sang, elle l'essuya deux ou trois fois, mais le sang ne s'en allait point ; 85 elle eut beau la laver, et même la frotter avec du sablon[14] et avec du grès[15], il y demeura toujours du sang, car la clef était fée, et il n'y avait pas moyen de la nettoyer tout à fait : quand on ôtait le sang d'un côté, il revenait de l'autre.

La Barbe bleue revint de son voyage dès le soir même, et 90 dit qu'il avait reçu des lettres dans le chemin, qui lui avaient

---

12. Poussée par.
13. Impoli, grossier.
14. Sable très fin.
15. Sable provenant de la roche.

appris que l'affaire pour laquelle il était parti venait d'être terminée à son avantage.

Sa femme fit tout ce qu'elle put pour lui témoigner qu'elle était ravie de son prompt retour.

95   Le lendemain, il lui redemanda les clefs, et elle les lui donna, mais d'une main si tremblante, qu'il devina sans peine tout ce qui s'était passé.

« D'où vient, lui dit-il, que la clef du cabinet n'est point avec les autres ?

100   — Il faut, dit-elle, que je l'aie laissée là-haut sur ma table.

Ne manquez pas, dit la Barbe bleue, de me la donner tantôt[16]. »

Après plusieurs remises[17], il fallut apporter la clef. La Barbe bleue, l'ayant considérée, dit à sa femme :

« Pourquoi y a-t-il du sang sur cette clef ?

105   — Je n'en sais rien, répondit la pauvre femme, plus pâle que la mort.

— Vous n'en savez rien, reprit la Barbe bleue, je le sais bien, moi : vous avez voulu entrer dans le cabinet ! Hé bien, Madame, vous y entrerez, et irez prendre votre place auprès

110   des dames que vous y avez vues. »

Elle se jeta aux pieds de son mari, en pleurant et en lui demandant pardon, avec toutes les marques d'un vrai repentir de n'avoir pas été obéissante. Elle aurait attendri un rocher, belle et affligée comme elle était ; mais la Barbe bleue avait le

115   cœur plus dur qu'un rocher.

« Il faut mourir, Madame, lui dit-il, et tout à l'heure[18].

— Puisqu'il faut mourir, répondit-elle, en le regardant les yeux baignés de larmes, donnez-moi un peu de temps pour prier Dieu.

120   — Je vous donne un demi-quart d'heure, reprit la Barbe bleue, mais pas un moment davantage. »

| **16.** Bientôt. | **17.** Renvois à plus tard. | **18.** Tout de suite.

Lorsqu'elle fut seule, elle appela sa sœur, et lui dit : « Ma sœur Anne (car elle s'appelait ainsi), monte, je te prie, sur le haut de la tour, pour voir si mes frères ne viennent point ; ils
125 m'ont promis qu'ils me viendraient voir aujourd'hui, et si tu les vois, fais-leur signe de se hâter. » La sœur Anne monta sur le haut de la tour, et la pauvre affligée lui criait de temps en temps : « *Anne, ma sœur Anne, ne vois tu rien venir ?* » Et la sœur Anne lui répondait : « *Je ne vois rien que le soleil*
130 *qui poudroie[19] et l'herbe qui verdoie.* »

Cependant la Barbe bleue, tenant un grand coutelas à la main, criait de toute sa force à sa femme :

« Descends vite, ou je monterai là-haut.

– Encore un moment, s'il vous plaît », lui répondait sa
135 femme ; et aussitôt elle criait tout bas : « *Anne, ma sœur Anne, ne vois-tu rien venir ?* »

Et la sœur Anne lui répondait : « *Je ne vois rien que le soleil qui poudroie, et l'herbe qui verdoie.* »

« Descends donc vite, criait la Barbe bleue, ou je monterai
140 là-haut.

– Je m'en vais[20] » répondait sa femme ; et puis elle criait ; « *Anne, ma sœur Anne, ne vois-tu rien venir ?* »

– Je vois, répondit la sœur Anne, une grosse poussière qui vient de ce côté-ci.
145 – Sont-ce mes frères ?

– Hélas ! non, ma sœur, c'est un troupeau de moutons.

– Ne veux-tu pas descendre ? criait la Barbe bleue.

– Encore un moment », répondait sa femme ; et puis elle criait : « *Anne, ma sœur Anne, ne vois-tu rien venir ?* »
50 – Je vois, répondit-elle, deux cavaliers[21] qui viennent de ce côté-ci, mais ils sont bien loin encore… Dieu soit loué !

---

19. Qui réduit la terre en poussière (par sa chaleur).
20. Je viens.
21. Gentilshommes à cheval portant l'épée.

s'écria-t-elle un moment après, ce sont mes frères ; je leur fais
signe tant que je puis de se hâter. »

La Barbe bleue se mit à crier si fort que toute la maison en
155 trembla. La pauvre femme descendit, et alla se jeter à ses pieds
toute éplorée et toute échevelée. « Cela ne sert de rien, dit la
Barbe bleue, il faut mourir. » Puis la prenant d'une main par
les cheveux, et de l'autre levant le coutelas en l'air, il allait lui
abattre la tête. La pauvre femme se tournant vers lui, et le
160 regardant avec des yeux mourants, le pria de lui donner un
petit moment pour se recueillir. « Non, non, dit-il, et recom-
mande-toi bien à Dieu » ; et levant son bras… Dans ce moment
on heurta si fort à la porte, que la Barbe bleue s'arrêta tout
court : on ouvrit, et aussitôt on vit entrer deux cavaliers, qui,
165 mettant l'épée à la main, coururent droit à la Barbe bleue.

Il reconnut que c'était les frères de sa femme, l'un dragon[22]
et l'autre mousquetaire[23], de sorte qu'il s'enfuit aussitôt pour
se sauver ; mais les deux frères le poursuivirent de si près, qu'ils
l'attrapèrent avant qu'il pût gagner le perron. Ils lui passèrent
170 leur épée au travers du corps, et le laissèrent mort. La pauvre
femme était presque aussi morte que son mari, et n'avait pas
la force de se lever pour embrasser ses frères. Il se trouva que
la Barbe bleue n'avait point d'héritiers, et qu'ainsi sa femme
demeura maîtresse de tous ses biens. Elle en employa une partie
175 à marier sa sœur Anne avec un jeune gentilhomme, dont elle
était aimée depuis longtemps ; une autre partie à acheter des
charges de capitaine à ses deux frères ; et le reste à se marier
elle-même à un fort honnête homme, qui lui fit oublier le
mauvais temps qu'elle avait passé avec la Barbe bleue.

---

22. Soldat d'un corps militaire de cavalerie.
23. Gentilhomme de l'une des deux compagnies militaires de la Maison du roi.

MORALITÉ

180   *La curiosité malgré tous ses attraits,*
Coûte souvent bien des regrets
On en voit tous les jours mille exemples paraître.
C'est, n'en déplaise au sexe 24*, un plaisir bien léger,*
Dès qu'on le prend il cesse d'être,
185   *Et toujours, il coûte trop cher.*

AUTRE MORALITÉ

Pour peu qu'on ait l'esprit sensé,
Et que du monde on sache le grimoire 25*,*
On voit bientôt que cette histoire
Est un conte du temps passé ;
190   *Il n'est plus d'époux si terrible,*
Ni qui demande l'impossible,
Fût-il malcontent et jaloux
Près de sa femme on le voit filer doux ;
Et de quelque couleur que sa barbe puisse être,
195   *On a peine à juger qui des deux est le maître.*

| **24.** C'est-à-dire aux femmes. | **25.** Livre difficile à déchiffrer.

Questions

Repérer et analyser

Le narrateur et la formule d'entrée

1 À quelle personne le narrateur mène-t-il le récit ?

2 Quelle est la formule d'entrée ? Est-ce une formule traditionnelle ?

La situation initiale, l'élément déclencheur

3 Quel est le personnage présenté à l'ouverture du conte ? Relevez les expressions qui le caractérisent.

4 Quelle image se dégage de ce personnage ? Dans quelle situation se trouve-t-il suite à cette image ?

5 Quel est l'événement qui modifie sa situation ?

Les actions

L'interdit et la transgression

De nombreux contes présentent un personnage qui désobéit à une consigne : il transgresse un interdit.

6 **a.** À quel interdit Barbe bleue soumet-il son épouse ?

b. Qu'est-ce qui pousse cette dernière à transgresser cet interdit ?

c. Quelle découverte fait-elle ? Quel est son état d'esprit après ?

Les conséquences de la transgression

7 Quel objet possède un pouvoir magique ? Cet objet est-il pour la femme bénéfique ou maléfique ?

8 Quelle est la réaction de Barbe bleue lorsqu'il s'aperçoit que son épouse a transgressé l'interdit ?

9 **a.** Quel sort est-elle sur le point de subir ? Comment s'y prend-elle pour gagner du temps ?

b. Quel est le personnage qui est pour elle un adjuvant ?

Le dénouement et la situation finale

10 Quels sont les personnages qui surviennent, permettant à l'action de se dénouer ? Qu'advient-il de Barbe bleue ?

11 Quelle est la situation finale pour la femme de Barbe bleue, pour sa sœur, pour ses deux frères ? Cette situation est-elle heureuse ?

Le cadre et la durée

12 Les éléments réalistes

> Les contes merveilleux peuvent comporter des éléments réalistes, c'est-à-dire qui s'inspirent de la réalité.

Citez des indices qui montrent que l'action se déroule au XVIIe siècle dans le milieu de l'aristocratie. Aidez-vous du « Se documenter », p. 44.

13 Évaluez la durée de l'action :

– à partir du mariage de Barbe bleue ;

– entre le moment de son retour et la fin du conte. Montrez que l'action s'accélère.

Le mode de narration

Les effets de suspense et de dramatisation

> Le narrateur du conte joue souvent sur les émotions du lecteur en installant la peur et en créant des effets d'attente.

14 Relisez les lignes 98 à 154.

a. Qui sont les interlocuteurs des dialogues ?

b. En quoi ce passage est-il dramatique ? Pour répondre :

– dites combien de fois l'épouse de Barbe bleue parvient à retarder la découverte de sa désobéissance puis son châtiment ;

– relevez les mots et expressions qui montrent que le temps est compté ;

– relevez le lexique des pleurs ;

– relevez la question répétée par l'épouse de Barbe bleue à sa sœur. Combien de fois la pose-t-elle ? Quelles réponses obtient-elle ?

Le conte d'avertissement

> Le conte d'avertissement met en garde le lecteur contre les dangers de la vie ou l'avertit des conséquences fâcheuses d'un acte de désobéissance ou d'imprudence.

15 En quoi ce conte se présente-t-il comme un conte d'avertissement ? Pour répondre, rappelez la transgression commise par l'épouse de Barbe bleue et dites ce qui aurait pu lui arriver. En quoi le narrateur joue-t-il sur la peur du lecteur ?

Les moralités et la visée

16 **a.** La première moralité dénonce un défaut. Lequel ?
b. La seconde moralité présente une constatation sur le rôle de la femme dans le couple. Qu'en dit le narrateur ? Cette moralité s'applique-t-elle au conte de Barbe bleue ?

Se documenter

Un personnage historique : Gilles de Retz

Charles Perrault a pu s'inspirer, dans ce conte, de Gilles de Retz, Maréchal de France (1404-1440), surnommé « Barbe bleue », à cause de la couleur de sa barbe, si noire qu'elle en avait des reflets bleus. Il fut condamné à mort pour avoir profané une église. Mais auparavant, il était déjà en butte à des soupçons, car il pratiquait la magie noire et avait enlevé des centaines d'enfants, disparus pour toujours.

Les demeures aristocratiques au XVIIᵉ siècle

La description de la maison de la Barbe bleue montre la manière dont s'organisait l'espace intérieur à cette époque chez les nobles. Ces maisons étaient divisées en « appartements » attribués à chaque personne de la famille, comprenant une antichambre (entrée), une « salle » (pièce de réception), des chambres, une garde-robe, un cabinet (voir note 7, p. 36). Selon la saison et le nombre de personnes à demeure, on meublait les pièces différemment. Par exemple, on apportait des sièges dans la « salle » en fonction des visites. Il n'existait pas de « salle à manger » : on dressait une table dans une pièce selon le nombre de convives.

Tous les meubles ne servaient donc pas en permanence et étaient rangés dans le ou les « garde-meubles ».

Texte 4

Le Maître Chat ou le Chat botté

Un meunier ne laissa pour tous biens à trois enfants qu'il avait, que son moulin, son âne, et son chat. Les partages furent bientôt faits, ni le notaire, ni le procureur[1] n'y furent point appelés. Ils auraient eu bientôt mangé tout le pauvre patri-
5 moine[2]. L'aîné eut le moulin, le second eut l'âne, et le plus jeune n'eut que le chat.

Ce dernier ne pouvait se consoler d'avoir un si pauvre lot : « Mes frères, disait-il, pourront gagner leur vie honnêtement[3] en se mettant ensemble ; pour moi, lorsque j'aurai mangé mon
10 chat, et que je me serai fait un manchon[4] de sa peau, il faudra que je meure de faim. »

Le chat qui entendait ce discours, mais qui n'en fit pas semblant, lui dit d'un air posé et sérieux ; « Ne vous affligez point, mon maître, vous n'avez qu'à me donner un sac, et me faire
15 faire une paire de bottes pour aller dans les broussailles, et vous verrez que vous n'êtes pas si mal partagé que vous croyez. »

Quoique le maître du chat ne fit pas grand fond[5] là-dessus, il lui avait vu faire tant de tours de souplesse, pour prendre des rats et des souris, comme quand il se pendait par les pieds,
20 ou qu'il se cachait dans la farine pour faire le mort, qu'il ne désespéra pas d'en être secouru dans sa misère.

Lorsque le chat eut ce qu'il avait demandé, il se botta bravement[6] et, mettant son sac à son cou, il en prit les cordons avec ses deux pattes de devant, et s'en alla dans une garenne[7]
25 où il y avait grand nombre de lapins. Il mit du son et des lasserons[8] dans son sac, et s'étendant comme s'il eût été mort, il attendit que quelque jeune lapin, peu instruit encore des ruses de ce monde, vint se fourrer dans son sac pour manger ce qu'il y avait mis.

---

1. Officier de justice.
2. Biens hérités des parents.
3. Convenablement.
4. Rouleau de fourrure dans lequel on se glissait les mains pour les protéger du froid.

5. Ne comptait pas tellement là-dessus.
6. Avec élégance.
7. Lieu boisé où vivent les lapins sauvages.
8. Laitues sauvages.

l'Heritage des Fils du Meunier. L'Ainé a le Moulin, le Cadet l'Âne et le plus jeune le Chat.

30   À peine fut-il couché, qu'il eut contentement ; un jeune étourdi de lapin entra dans son sac, et le maître chat, tirant aussitôt les cordons, le prit et le tua sans miséricorde.

   Tout glorieux de sa proie, il s'en alla chez le roi et demanda à lui parler. On le fit monter à l'appartement de Sa Majesté, 35 où étant entré, il fit une grande révérence au roi et lui dit :

   « Voilà, Sire, un lapin de garenne que Monsieur le marquis de Carabas (c'était le nom qu'il lui prit en gré de donner à son maître) m'a chargé de vous présenter de sa part.

   – Dis à ton maître, répondit le roi, que je le remercie, et qu'il 40 me fait plaisir. »

   Une autre fois, il alla se cacher dans un blé[9], tenant toujours son sac ouvert ; et lorsque deux perdrix y furent entrées, il tira les cordons, et les prit toutes deux. Il alla ensuite les présenter au roi, comme il l'avait fait le lapin de garenne. Le roi reçut

| **9.** Un champ de blé.

45 encore avec plaisir les deux perdrix, et lui fit donner pour
boire[10].

Le chat continua ainsi pendant deux ou trois mois à porter
de temps en temps au roi du gibier de la chasse de son maître.
Un jour qu'il sut que le roi devait aller à la promenade sur
50 le bord de la rivière avec sa fille, la plus belle princesse du
monde, il dit à son maître : « Si vous voulez suivre mon
conseil, votre fortune est faite : vous n'avez qu'à vous baigner
dans la rivière à l'endroit que je vous montrerai, et ensuite
me laisser faire. »

55 Le marquis de Carabas fit ce que son chat lui conseillait,
sans savoir à quoi cela serait bon. Dans le temps qu'il se
baignait, le roi vint à passer, et le chat se mit à crier de toute
sa force : « Au secours, au secours, voilà Monsieur le marquis
de Carabas qui se noie ! » À ce cri le roi mit la tête à la portière,
60 et reconnaissant le chat qui lui avait apporté tant de fois du
gibier, il ordonna à ses gardes qu'on allât vite au secours de
Monsieur le marquis de Carabas.

Pendant qu'on retirait le pauvre marquis de la rivière, le chat
s'approcha du carrosse, et dit au roi que, dans le temps que
65 son Maître se baignait, il était venu des voleurs qui avaient
emporté ses habits, quoiqu'il eût crié, *au voleur* ! de toute sa
force le drôle les avait cachés sous une grosse pierre.

Le roi ordonna aussitôt aux officiers de sa garde-robe d'aller
quérir[11] un de ses plus beaux habits pour Monsieur le marquis
70 de Carabas. Le roi lui fit mille caresses[12], et comme les beaux
habits qu'on venait de lui donner relevaient sa bonne mine
(car il était beau et bien fait de sa personne), la fille du roi le
trouva fort à son gré, et le marquis de Carabas ne lui eut pas
jeté deux ou trois regards fort respectueux, et un peu tendres,
75 qu'elle en devint amoureuse à la folie.

| **10.** Un pourboire. | **11.** Chercher. | **12.** Amabilités. |

Le roi voulut qu'il montât dans son carrosse, et qu'il fût de
la promenade. Le chat, ravi de voir que son dessein[13] commençait à réussir, prit les devants, et ayant rencontré des paysans
qui fauchaient un pré, il leur dit : « *Bonnes gens qui fauchez,*
80   *si vous ne dites au roi que le pré que vous fauchez appartient*
à Monsieur le marquis de Carabas, vous serez tous hachés
menu comme chair à pâté. »

Le roi ne manqua pas à demander aux faucheux à qui était
ce pré qu'ils fauchaient. « C'est à Monsieur le marquis de
85   Carabas », dirent-ils tous ensemble, car la menace du chat leur
avait fait peur.

« Vous avez là un bel héritage, dit le roi au marquis de
Carabas.

– Vous voyez, Sire, répondit le marquis, c'est un pré qui ne
90   manque point de rapporter abondamment toutes les années. »

Le maître chat, qui allait toujours devant, rencontra des moissonneurs, et leur dit : « *Bonnes gens qui moissonnez, si vous*
ne dites que tous ces blés appartiennent à Monsieur le marquis
de Carabas, vous serez tous hachés menu comme chair à pâté. »
95   Le roi, qui passa un moment après, voulut savoir à qui appartenaient tous les blés qu'il voyait. « C'est à Monsieur le marquis
de Carabas », répondirent les moissonneurs, et le roi s'en réjouit
encore avec le marquis. Le chat, qui allait devant le carrosse,
disait toujours la même chose à tous ceux qu'il rencontrait ;
100   et le roi était étonné des grands bien de Monsieur le marquis
de Carabas.

Le maître chat arriva enfin dans un beau château dont le
maître était un ogre, le plus riche qu'on ait jamais vu, car toutes
les terres par où le roi avait passé étaient de la dépendance de
105   ce château. Le chat qui eut soin de s'informer qui était cet ogre,
et ce qu'il savait faire, demanda à lui parler, disant qu'il n'avait

| **13.** Plan, stratégie.

pas voulu passer si près de son château, sans avoir l'honneur de lui faire la révérence.

L'ogre le reçut aussi civilement[14] que le peut un ogre, et le
110 fit reposer.

« On m'a assuré, dit le chat, que vous aviez le don de vous changer en toute sorte d'animaux ; que vous pouviez par exemple vous transformer en lion, en éléphant.

Cela est vrai, répondit l'ogre brusquement, et pour vous le
115 montrer, vous m'allez voir devenir lion. »

Le chat fut si effrayé de voir un lion devant lui, qu'il gagna aussitôt les gouttières, non sans peine et sans péril, à cause de ses bottes qui ne valaient rien pour marcher sur les tuiles.

Quelque temps après, le chat, ayant vu que l'ogre avait quitté
120 sa première forme, descendit, et avoua qu'il avait eu bien peur.

« On m'a assuré encore, dit le chat, mais je ne saurais le croire, que vous aviez aussi le pouvoir de prendre la forme des plus petits animaux, par exemple, de vous changer en un rat, en une souris ; je vous avoue que je tiens cela tout à fait impossible.

125 – Impossible ? reprit l'ogre, vous allez voir », et en même temps il se changea en une souris, qui se mit à courir sur le plancher.

Le chat ne l'eut pas plus tôt aperçue, qu'il se jeta dessus et la mangea. Cependant le roi, qui vit en passant le beau château de l'ogre, voulut entrer dedans. Le chat, qui entendit le bruit
130 du carrosse, qui passait sur le pont-levis, courut au-devant, et dit au roi :

« Votre Majesté soit[15] la bienvenue dans ce château de Monsieur le marquis de Carabas.

– Comment, Monsieur le marquis, s'écria le roi, ce château
135 est encore à vous ! Il ne se peut rien de plus beau que cette cour et que tous ces bâtiments qui l'environnent ; voyons les dedans, s'il vous plaît. »

| 14. Poliment. | 15. Que Votre Majesté soit…

Le marquis donna la main à la jeune princesse, et suivant le roi qui montait le premier, ils entrèrent dans une grande
140 salle où ils trouvèrent une magnifique collation[16] que l'ogre avait fait préparer pour ses amis qui le devaient venir voir ce même jour-là, mais qui n'avaient pas osé entrer, sachant que le roi y était. Le roi charmé des bonnes qualités de Monsieur le marquis de Carabas, de même que sa fille qui en était folle,
145 et voyant les grands biens qu'il possédait, lui dit, après avoir bu cinq ou six coups : « Il ne tiendra qu'à vous, Monsieur le marquis, que vous ne soyez mon gendre. » Le marquis, faisant de grandes révérences, accepta l'honneur que lui faisait le roi ; et dès le même jour épousa la princesse. Le chat devint Grand
150 seigneur, et ne courut plus après les souris, que pour se divertir.

MORALITÉ

Quelque grand que soit l'avantage,
De jouir d'un riche héritage
Venant à nous de père en fils,
Aux jeunes gens pour l'ordinaire,
155 *L'industrie[17] et le savoir-faire*
Valent mieux que des biens acquis.

AUTRE MORALITÉ

Si le fils d'un meunier, avec tant de vitesse,
Gagne le cœur d'une princesse,
Et s'en fait regarder avec des yeux mourants,
160 *C'est que l'habit, la mine et la jeunesse,*
Pour inspirer de la tendresse,
N'en sont pas des moyens toujours indifférents.

---

16. Léger repas que l'on prend éventuellement entre midi et le soir, ou après dîner.
17. Ici, habileté à inventer des ruses.

Questions

Repérer et analyser

Le narrateur et la formule d'entrée

1 **a.** À quelle personne le narrateur mène-t-il le récit ?

b. Le narrateur intervient deux fois pour faire un commentaire. Dans quels passages ? Quel est l'intérêt, selon vous, de ces commentaires ?

2 En quoi le début de ce conte est-il différent du début de la plupart des autres contes ?

La structure du conte et les forces agissantes

La situation initiale et l'élément déclencheur

3 **a.** Quel est le temps dominant au début du conte ? S'agit-il du temps habituel de la situation initiale ?

b. Quelle est la condition sociale des personnages au début de ce conte ?

c. Quels biens le meunier laisse-t-il à ses enfants ? Quel est le manque ressenti par le cadet ?

d. Quelles paroles du cadet provoque l'intervention du chat ? Quelle proposition le chat fait-il à son maître ?

e. Quels objets lui demande-t-il ?

Les actions

4 **a.** En quoi le plan du chat consiste-t-il ? Quelles sont les différentes étapes de son action ?

b. Qui trompe-t-il à chaque fois ?

c. Pour le compte de qui agit-il ?

Le dénouement et la situation finale

5 **a.** Quelle est l'action qui constitue le dénouement ?

b. Pour qui le dénouement est-il heureux ?

c. Quels personnages voient leur condition se modifier ?

d. Le chat est-il parvenu à ses fins ? A-t-il lui aussi été bénéficiaire de l'aventure ?

Le cadre et la durée

6 **a.** Relevez les indications de lieu. Dans quels différents lieux l'action se déroule-t-elle ?

b. Combien de temps l'action dure-t-elle approximativement ? Appuyez-vous sur les indications de temps.

Les personnages

Le chat

7 Quelles sont les principales qualités du chat ? Montrez notamment qu'il est souple, habile, rusé.

8 A-t-il des principes moraux ? Quelles actions n'hésite-t-il pas à faire ?

9 En quoi le chat est-il un adjuvant pour son maître ? Montrez qu'il a construit progressivement le personnage de son maître pour en faire un homme de la cour.
Pour répondre, faites la liste de ce qu'il lui a donné depuis le début de l'histoire.

10 Montrez que le chat est dévoué à son maître mais qu'il n'est pas dépourvu d'ambition personnelle. Pour quelle raison notamment demande-t-il des bottes à son maître ? À quelle condition sociale appartenaient les gens qui portaient des bottes à l'époque ?

Le roi et la princesse

11 Pour quelles raisons le roi et la princesse sont-ils séduits l'un et l'autre par le « marquis de Carabas » ? Quelle image le narrateur donne-t-il de ces personnages ?

Le fils du meunier

12 **a.** Pour quelle raison, selon vous, le fils du meunier fait-il confiance à son chat ?

b. Parvient-il facilement à endosser le rôle de marquis ?

c. Comment réussit-il à séduire la princesse ? Quelles sont ses qualités (l. 70 à 75) ? Joue-t-il un rôle actif ou passif dans l'action ?

Le merveilleux

Les personnages et les objets

13 **a.** En quoi le chat est-il un élément merveilleux dans le conte ? Montrez qu'il a à la fois un comportement animal et humain.

b. En quoi les bottes contribuent-elles notamment à l'élever au rang d'homme ?

14 **a.** Quel autre personnage rencontré par le chat relève-t-il du merveilleux ? Quel est son pouvoir ?

b. Montrez que ce personnage est mis en échec en exerçant son pouvoir.

Le titre et la visée

15 **a.** « Le Maître Chat » : quels sont les différents sens du mot « maître » ? Aidez-vous du dictionnaire.

b. Le fils du meunier est le maître du chat : qui est le véritable maître ? Qui est le véritable héros du conte ?

16 Quel est le rôle de l'habit et de l'apparence dans ce conte ? En quoi le comportement du roi et de sa fille prête-t-il à la critique ?

17 Lisez les moralités.

a. À qui s'adressent-elles ?

b. Laquelle met en avant des qualités physiques ? Laquelle met en avant des qualités intellectuelles ?

Écrire

Imaginer un autre opposant

18 Imaginez que le chat rencontre non pas un ogre mais un autre personnage merveilleux ayant des pouvoirs maléfiques. Quelle ruse le chat va-t-il alors utiliser ?

Imaginer une suite

19 Le chat veut s'assurer que son maître lui est reconnaissant ; il invente un stratagème pour le mettre à l'épreuve (il contrefait le mort par exemple). Racontez.

Texte 5

Les Fées

Il était une fois une veuve qui avait deux filles ; l'aînée lui ressemblait si fort et d'humeur[1] et de visage, que qui la voyait voyait la mère. Elles étaient toutes deux si désagréables et si orgueilleuses qu'on ne pouvait vivre avec elles. La cadette, qui
5 était le vrai portrait de son père pour la douceur et pour l'honnêteté[2], était avec cela une des plus belles filles qu'on eût su voir. Comme on aime naturellement son semblable, cette mère était folle de sa fille aînée, et en même temps avait une aversion[3] effroyable pour la cadette. Elle la faisait manger à la
10 cuisine et travailler sans cesse.

Il fallait entre autres choses que cette pauvre enfant allât deux fois le jour puiser de l'eau à une grande demi-lieue[4] du logis, et qu'elle en rapportât plein une grande cruche. Un jour qu'elle était à cette fontaine, il vint à elle une pauvre femme
15 qui la pria de lui donner à boire.

« Oui-da[5] ma bonne mère », dit cette belle fille ; et rinçant aussitôt sa cruche, elle puisa de l'eau au plus bel endroit de la fontaine, et la lui présenta, soutenant toujours la cruche afin qu'elle bût plus aisément. La bonne femme, ayant bu, lui
20 dit : « Vous êtes si belle, si bonne, et si honnête, que je ne puis m'empêcher de vous faire un don (car c'était une fée qui avait pris la forme d'une pauvre femme de village, pour voir jusqu'où irait l'honnêteté de cette jeune fille). Je vous donne pour don, poursuivit la fée, qu'à chaque parole que
25 vous direz, il vous sortira de la bouche ou une fleur, ou une pierre précieuse. »

Lorsque cette belle fille arriva au logis, sa mère la gronda de revenir si tard de la fontaine. « Je vous demande pardon, ma mère, dit cette pauvre fille, d'avoir tardé si longtemps »,
30 et en disant ces mots, il lui sortit de la bouche deux roses, deux perles, et deux gros diamants. « Que vois-je là ! dit sa

---

1. Caractère.
2. Politesse et raffinement.
3. Haine.
4. Environ 2 km.
5. Certainement.

mère tout étonnée ; je crois qu'il lui sort de la bouche des perles et des diamants ; d'où vient cela, ma fille ? » (Ce fut là la première fois qu'elle l'appela sa fille.) La pauvre enfant
35 lui raconta naïvement tout ce qui lui était arrivé, non sans jeter une infinité de diamants.

« Vraiment, dit la mère, il faut que j'y envoie ma fille ; tenez, Fanchon, voyez ce qui sort de la bouche de votre sœur quand elle parle ; ne seriez-vous pas bien aise d'avoir le même don ?
40 Vous n'avez qu'à aller puiser de l'eau à la fontaine ; et quand une pauvre femme vous demandera à boire, lui en donner bien honnêtement.

– Il me ferait beau voir, répondit la brutale[6], aller à la fontaine.
45 – Je veux que vous y alliez, reprit la mère, et tout à l'heure[7]. »
Elle y alla, mais toujours en grondant. Elle prit le plus beau flacon d'argent qui fût dans le logis. Elle ne fut pas plus tôt arrivée à la fontaine, qu'elle vit sortir du bois une dame magnifiquement vêtue, qui vint lui demander à boire : c'était la même
50 fée qui avait apparu à sa sœur, mais qui avait pris l'air et les habits d'une princesse, pour voir jusqu'où irait la malhonnêteté de cette fille.

« Est-ce que je suis ici venue, lui dit cette brutale orgueilleuse, pour vous donner à boire ? Justement j'ai apporté un flacon
55 d'argent tout exprès pour donner à boire à Madame ! J'en suis d'avis, buvez à même[8] si vous voulez.

– Vous n'êtes guère honnête, reprit la fée, sans se mettre en colère ; hé bien ! puisque vous êtes si peu obligeante[9], je vous donne pour don qu'à chaque parole que vous direz, il vous
60 sortira de la bouche ou un serpent ou un crapaud. »
D'abord que sa mère l'aperçut, elle lui cria :
« Hé bien, ma fille !

| 6. Impolie. | 7. Tout de suite. | 8. À même la fontaine. | 9. Serviable.

– Hé bien, ma mère, lui répondit la brutale, en jetant deux vipères, et de deux crapauds.

65   – Ô Ciel ! s'écria la mère, que vois-je là ? C'est sa sœur qui en est cause, elle me le paiera » ; et aussitôt elle courut pour la battre.

La pauvre enfant s'enfuit, et alla se sauver dans la forêt prochaine. Le fils du roi, qui revenait de la chasse, la rencontra
70   et la voyant si belle, lui demanda ce qu'elle faisait là toute seule et ce qu'elle avait à pleurer. « Hélas ! Monsieur, c'est ma mère qui m'a chassée du logis. » Le fils du roi qui vit sortir de sa bouche cinq ou six perles, et autant de diamants, la pria de lui dire d'où cela lui venait. Elle lui conta toute son aventure. Le
75   fils du roi en devint amoureux, et considérant qu'un tel don valait mieux que tout ce qu'on pouvait donner en mariage à une autre, l'emmena au palais du roi son père, où il l'épousa.

Pour sa sœur, elle se fit tant haïr, que sa propre mère la chassa de chez elle ; et la malheureuse, après avoir bien couru sans
80   trouver personne qui voulût la recevoir, alla mourir au coin d'un bois.

MORALITÉ

Les diamants et les pistoles[10]
Peuvent beaucoup sur les esprits
Cependant les douces paroles
85   *Ont encore plus de force, et sont d'un plus grand prix.*

AUTRE MORALITÉ

L'honnêteté coûte des soins[11]
Et veut un peu de complaisance,
Mais tôt ou tard elle a sa récompense,
Et souvent dans le temps qu'on y pense le moins.

| **10.** Pièces d'or. | **11.** Demande des efforts.

Questions

Repérer et analyser

Le narrateur et la formule d'entrée

1 Quelle est l'expression qui ouvre le conte ? S'agit-il d'une formule traditionnelle ?

2 À quelle personne le narrateur mène-t-il le récit ?

3 **a.** Relevez deux interventions du narrateur signalées par des parenthèses. Quelles précisions le narrateur fournit-il au lecteur par ces interventions ?

b. Relevez une autre intervention du narrateur dans les lignes 47 à 52. Quel est l'intérêt de ces commentaires ?

Le cadre et la structure du conte

Le cadre

4 Dans quel cadre l'action se déroule-t-elle ? Repérez les différents lieux cités dans le récit.

La situation initiale et l'élément déclencheur

Les temps verbaux : la situation initiale est souvent à l'imparfait, temps qui permet d'installer l'arrière-plan de l'action (situation des personnages, relations qu'ils entretiennent, décor…). Le passé simple est utilisé pour marquer le début de l'action et de façon générale les actions mises au premier plan du récit.

5 **a.** Délimitez le passage qui présente la situation initiale. Quel est le temps verbal utilisé ?

b. Combien y a-t-il de personnages ? Qui sont-ils ? Quel est le principal trait de caractère de chacun d'eux ? Appuyez-vous sur un relevé des adjectifs.

c. Quelles relations affectives les personnages entretiennent-ils les uns envers les autres ?

6 **a.** Par quelle indication temporelle l'action est-elle amorcée ? Identifiez le temps des deux premiers verbes qui marquent le début de l'action.

b. Quel est l'événement qui lance l'action ? Quel est le personnage qui vit cet événement ?

L'enchaînement des actions

7 **a.** Quels sont les deux épisodes qui constituent la suite du conte ?
b. Comparez-les (cadre, action, comportement des personnages, issue…). Quels sont les points communs ? En quoi s'opposent-ils ?

Le dénouement et la situation finale

8 Quel est l'événement final (dénouement) qui permet à la cadette de voir sa situation se modifier ? Quel est le dernier événement qui frappe sa sœur ?

9 **a.** Quelle est la situation finale pour chacune des deux sœurs ?
b. En quoi le destin de l'aînée est-il particulièrement tragique ? Montrez qu'elle est doublement punie.

Les motifs du conte

L'enfant mal aimé

> Le héros d'un conte est souvent un enfant mal aimé qui vit une situation de rivalité affective avec un frère ou une sœur.

10 Montrez que tout au long du conte la mère marque sa préférence pour sa fille aînée.
a. Lignes 1 à 28 : quelles souffrances et humiliations fait-elle subir à sa fille cadette ?
b. Lorsque la fille cadette revient de sa rencontre avec la fée, le comportement de la mère à son égard change-t-il ? Vers qui la mère se tourne-t-elle à nouveau ?
c. Quelle est la réaction de la mère envers la cadette lorsque l'aînée revient de la fontaine ?

11 Relevez dans les lignes 1 à 36 les expressions par lesquelles le narrateur désigne la jeune fille cadette. Montrez qu'il met en avant la souffrance du personnage.

La revanche du faible

12 Quelles qualités possède la cadette, qui lui permettront de prendre sa revanche ? Pour quelle raison le roi la remarque-t-il ?

13 **a.** En quoi la situation finale témoigne-t-elle d'une inversion des rôles par rapport à la situation initiale ?
b. La cadette a-t-elle conquis l'amour de sa mère ? Quel autre amour a-t-elle trouvé ? Quel statut social a-t-elle acquis ?

Le merveilleux

14 **a.** Quelles sont les deux apparences que prend la fée ? Pour quelle raison ne conserve-t-elle pas son apparence première ?

b. Quels « dons » la fée distribue-t-elle ? Quel rôle joue-t-elle auprès de chacune des sœurs ? Pour qui joue-t-elle le rôle d'un adjuvant ?

15 Quels sont les éléments qui se métamorphosent dans ce conte ? Montrez que des éléments abstraits se métamorphosent en éléments concrets.

La visée

Le conte a pour visée première de divertir. Il revêt aussi une visée didactique et morale, c'est-à-dire qu'il cherche à donner une leçon au lecteur

16 En vous appuyant sur l'histoire des deux sœurs, montrez que le conte a une visée morale.

17 Lisez les deux moralités. Quelles sont les deux valeurs que le narrateur met en avant dans les moralités ? Citez le texte.

Étudier la langue

Le lexique : l'honnêteté

Au XVIIe siècle, le mot « honnêteté » désigne les qualités d'une personne de bonne compagnie, raffinée dans son esprit et dans ses manières, qui pratique la politesse et qui manifeste de l'amabilité envers les gens qui l'entourent.

18 **a.** Combien de fois le mot « honnêteté » (ou les mots de la même famille), ainsi que les antonymes de ce mot (mots désignant le contraire) sont-ils employés dans le conte ?

b. En quoi le sens de ce mot au XVIIe siècle est-il différent du sens qu'il a aujourd'hui ?

Écrire

Imaginer l'intervention d'un autre adjuvant

19 « Un jour qu'elle était à cette fontaine… » : imaginez en quelques lignes un autre épisode, par exemple une autre rencontre, un autre don…

Lire

La Fée du robinet, P. Gripari

« Une « gentille petite fée » vivait dans une source, adorée dans la Gaule païenne, maudite avec l'avènement du christianisme, puis oubliée, jusqu'au jour où, avec l'invention de l'eau courante, elle fut entraînée par le courant et aboutit à un robinet.

[...] Ce robinet et cet évier faisaient partie d'une cuisine, et cette cuisine était située dans un appartement où habitait une famille d'ouvriers comprenant le père, la mère et deux grandes filles. La fée resta longtemps sans se manifester à eux, car les fées ne se montrent pas pendant le jour : elles ne sortent qu'après minuit. Or le père travaillait dur, la mère aussi, les deux filles fréquentaient l'école, de sorte que tous étaient couchés à dix heures au plus tard, et que personne n'ouvrait le robinet de toute la nuit.

Une fois cependant, l'aînée des filles, qui était gourmande et mal élevée, se leva sur le coup de deux heures du matin, pour aller voler dans le frigidaire. Elle prit une cuisse de poulet, la rongea, mangea une mandarine, trempa son doigt dans un pot de confiture, le lécha, après quoi elle eut soif. Elle sortit un verre du buffet, alla au robinet, l'ouvrit... mais voilà qu'au lieu d'eau il s'échappa du robinet une toute petite bonne femme en robe mauve, avec des ailes de libellule, qui tenait à la main une baguette surmontée d'une « étoile d'or ». La fée (car c'était elle) se posa sur le bord de l'évier et parla d'une voix musicale :

– Bonjour, Martine.

(J'ai oublié de dire que cette fille s'appelait Martine).

– Bonjour, Madame, répondit Martine.

– Veux-tu être gentille, Martine ? demanda la bonne fée. Donne-moi un peu de confiture.

Martine était, comme je l'ai dit, gourmande et mal élevée. Cependant, quand elle vit que la fée était bien habillée, avec des ailes de libellule et une baguette magique, elle se dit :

– Attention ! Cette dame est une belle dame, et j'ai tout intérêt à être bien avec !

Aussi répondit-elle avec un sourire hypocrite :

– Mais certainement, Madame ! Tout de suite, Madame !

Elle prit une cuiller propre, elle la plongea dans le pot de confiture, et la tendit à la bonne fée. Celle-ci battit des ailes, voleta autour de la cuiller en y donnant quelques coups de langue, puis elle se reposa sur le buffet et dit :

– Merci, Martine. En récompense de ta gentillesse, je vais te faire un don : à chaque mot que tu diras, il te sortira de la bouche une perle.

Et la fée disparut.

– Ben ça, alors ! dit Martine.

Et, comme elle disait ces mots, trois perles lui tombèrent de la bouche.

Le lendemain matin, elle conta l'histoire à ses parents, non sans jeter une quantité de perles.

Sa mère porta ces perles au bijoutier, qui les trouva fort bonnes, encore qu'un petit peu petites.

– Si elle disait des mots plus longs, dit le père, elles grossiraient peut-être…

Ils demandèrent aux voisins quel est le mot le plus long de la langue française. Une voisine qui avait des lettres leur répondit que c'était le mot anticonstitutionnellement. Ils obligèrent Martine à le répéter. Elle obéit, mais les perles n'en furent pas plus grosses. Plus allongées, peut-être, et d'une forme un peu plus biscornue. De plus, comme c'est un mot très difficile, Martine le prononçait mal, et les perles en étaient de moins bonne qualité.

– Tant pis, dirent les parents. De toute façon, notre fortune est faite. À partir d'aujourd'hui, la petite n'ira plus à l'école. Elle restera assise à table, et parlera toute la journée au-dessus du saladier. Et si elle s'arrête de parler, gare à elle.

Martine qui, entre autres défauts, était bavarde et paresseuse, fut d'abord enchantée de ce programme. Mais au bout de deux jours, elle en eut assez de parler toute seule et de rester immobile. Au bout de trois jours cela devint un tourment, au bout de quatre un supplice, et le soir du cinquième jour, pendant le dîner, elle entra dans une grande colère et se mit à crier :

– Zut ! Zut ! Zut !

En vérité, elle ne dit pas zut, mais un mot beaucoup plus vulgaire. Et en même temps, voici que trois grosses perles, énormes, roulèrent sur la nappe.

– Qu'est-ce que c'est que ça ? demandèrent les parents.

Mais ils comprirent tout de suite.

– C'est simple, dit le père, j'aurais dû y penser. Chaque fois qu'elle dit un mot ordinaire, elle crache une petite perle. Mais quand c'est un gros mot, elle en crache une grosse.

À partir de ce jour-là, les parents obligèrent Martine à ne plus dire que des gros mots au-dessus du saladier. Au commencement, cela la soulageait, mais bientôt les parents la grondèrent chaque fois qu'elle disait autre chose qu'un gros mot. Au bout d'une semaine, cette vie ne lui parut plus tenable, et elle s'enfuit de la maison.

Elle marcha tout le jour dans les rues de Paris, sans savoir où aller. Vers le soir, affamée et rompue de fatigue, elle s'assit sur un banc. Un jeune homme, la voyant seule, vint s'asseoir auprès d'elle. Il avait les cheveux ondulés, les mains blanches et un air très doux. Il lui parla très gentiment, et elle lui raconta son histoire. Il l'écouta avec beaucoup d'intérêt, tout en recueillant dans sa casquette les perles qu'elle jetait en lui faisant ses confidences et, quand elle eut fini, il la regarda tendrement dans les yeux :

– Parlez encore, dit-il. Vous êtes merveilleuse. Si vous saviez comme j'aime à vous entendre ! Restons ensemble, voulez-vous ? Vous coucherez dans ma chambre et nous ne nous quitterons plus. Nous serons heureux. […]

En fait, ce jeune homme l'enferme chez lui et exige qu'elle remplisse tous les jours une soupière de perles.

La jeune sœur de Martine, qui était sage et bonne, avait été profondément impressionnée par toute cette histoire, et n'avait pas la moindre envie de rencontrer la fée du robinet. […]

Mais sa mère prépare un soir un repas excessivement salé, et Marie, mourant de soif, finit par aller se désaltérer.

Hélas ! À peine le robinet tourné, la fée s'en échappa et vint en voletant se percher sur l'épaule de Marie.

– Marie, toi qui es si bonne, donne-moi un peu de confiture !

Marie était très bonne, mais elle n'était pas bête, et elle répondit :
— Merci bien ! Je n'ai pas besoin de vos dons ! Vous avez fait le malheur de ma sœur, c'est grandement suffisant ! D'ailleurs, je n'ai pas le droit de fouiller dans le frigidaire pendant que mes parents sont couchés.

La fée qui, depuis quinze cents ans, avait perdu l'usage du monde, fut piquée de cette réponse et dit d'un air déçu :
— Puisque vous êtes si peu aimable, je vous donne pour don qu'à chaque mot que vous direz, il vous sortira de la bouche un serpent !

Le lendemain en effet, au premier mot qu'elle voulut dire pour raconter la chose à ses parents, Marie cracha une couleuvre. Elle dut renoncer à parler, et leur expliqua par écrit ce qui s'était passé la nuit dernière.

Tout affolés, ses parents la menèrent chez un médecin qui habitait, deux étages plus haut, dans le même immeuble. Ce médecin était jeune, sympathique, fort bien considéré dans le quartier, et promettait de faire une belle carrière. [...]

Ce médecin travaille à l'Institut Pasteur, pour la fabrication de sérums antivenimeux. Comme il manque de serpents, il demande et obtient la main de Marie. La fée, apprenant le résultat de ses « dons » sur les deux sœurs, s'arrange pour épouser un enchanteur, qui pourra annuler magie et sortilège. »

Pierre Gripari, « La Fée du robinet », in *La Sorcière de la rue Mouffetard et autres contes de la rue Broca*, Éditions de la Table Ronde, 1967.

20 Les détournements de contes : la parodie

Au XXᵉ siècle, de nombreux auteurs détournent et parodient (imitent de façon amusante) des contes connus de tous. La parodie consiste souvent à changer de lieu et d'époque tout en conservant la trame de l'histoire.

a. Comparez cet extrait et le conte de Perrault. Relevez les éléments qui, dans le conte de Gripari, se réfèrent au monde du XXᵉ siècle.
b. Relevez deux interventions du narrateur entre parenthèses. Quel en est le ton ? Quel est l'effet produit sur le lecteur ?
c. Qui la fée a-t-elle voulu récompenser et punir ? A-t-elle atteint son but ? Pourquoi veut-elle annuler les dons qu'elle a faits ?
d. Quelle est la principale visée de ce conte ?

Texte 6

Cendrillon ou
la petite pantoufle de verre

Il était une fois un gentilhomme qui épousa en secondes noces une femme, la plus hautaine et la plus fière qu'on eût jamais vue. Elle avait deux filles de son humeur[1], et qui lui ressemblaient en toutes choses. Le mari avait de son côté une
5 jeune fille, mais d'une douceur et d'une bonté sans exemple ; elle tenait cela de sa mère, qui était la meilleure personne du monde.

Les noces ne furent pas plus tôt faites que la belle-mère fit éclater sa mauvaise humeur ; elle ne put souffrir[2] les bonnes
10 qualités de cette jeune enfant, qui rendaient ses filles encore plus haïssables. Elle la chargea des plus viles occupations de la maison : c'était elle qui nettoyait la vaisselle et les montées[3], qui frottait la chambre de Madame, et celles de Mesdemoiselles ses filles ; elle couchait tout au haut de la maison, dans un
15 grenier, sur une méchante paillasse, pendant que ses sœurs étaient dans des chambres parquetées, où elles avaient des lits des plus à la mode, et des miroirs où elles se voyaient depuis les pieds jusqu'à la tête. La pauvre fille souffrait tout avec patience, et n'osait s'en plaindre à son père qui l'aurait grondée,
20 parce que sa femme le gouvernait entièrement.

Lorsqu'elle avait fait son ouvrage, elle s'allait mettre au coin de la cheminée, et s'asseoir dans les cendres, ce qui faisait qu'on l'appelait communément dans le logis Cucendron. La cadette, qui n'était pas si malhonnête[4] que son aînée, l'appe-
25 lait Cendrillon ; cependant Cendrillon, avec ses méchants habits, ne laissait pas d'être cent fois plus belle que ses sœurs, quoique vêtues très magnifiquement.

Il arriva que le fils du roi donna un bal, et qu'il en pria toutes les personnes de qualité : nos deux demoiselles[5] en furent aussi
30 priées, car elles faisaient grande figure[6] dans le pays. Les voilà

---

1. Caractère.
2. Supporter.
3. Escaliers.

4. Impolie.
5. Jeunes filles nobles.
6. Étaient des personnages importants.

bien aises et bien occupées à choisir les habits et les coiffures qui leur siéraient le mieux ; nouvelle peine pour Cendrillon, car c'était elle qui repassait le linge de ses sœurs et qui godron-nait[7] leurs manchettes. On ne parlait que de la manière dont
35 on s'habillerait.

« Moi, dit l'aînée, je mettrai mon habit de velours rouge et ma garniture d'Angleterre[8].

– Moi, dit la cadette, je n'aurai que ma jupe ordinaire ; mais en récompense[9] je mettrai mon manteau à fleurs d'or, et ma
40 barrière[8] de diamants, qui n'est pas des plus indifférentes. »

On envoya quérir la bonne coiffeuse, pour dresser les cornettes[10] à deux rangs, et on fit acheter des mouches[8] de la bonne faiseuse : elles appelèrent Cendrillon pour lui demander son avis, car elle avait le goût bon. Cendrillon les conseilla le
45 mieux du monde, et s'offrit même à les coiffer ; ce qu'elles voulu-rent bien.

En les coiffant, elles lui disaient :

« Cendrillon, serais-tu bien aise d'aller au bal ?

– Hélas, Mesdemoiselles, vous vous moquez de moi, ce n'est
50 pas là ce qu'il me faut.

– Tu as raison, on rirait bien si on voyait un Cucendron aller au bal. »

Une autre que Cendrillon les aurait coiffées de travers ; mais elle était bonne, et elle les coiffa parfaitement bien. Elles furent
55 près de deux jours sans manger, tant elles étaient transportées de joie. On rompit plus de douze lacets à force de les serrer pour leur rendre la taille plus menue, et elles étaient toujours devant leur miroir.

Enfin l'heureux jour arriva, on partit, et Cendrillon les suivit
60 des yeux le plus longtemps qu'elle put ; lorsqu'elle ne les vit

---

7. Faisait des plis ronds.
8. Voir « Se documenter », p. 78.
9. En compensation.

10. Coiffures de femme dont les extrémités formaient deux sortes de cornes (voir « Se documenter », p. 78).

plus, elle se mit à pleurer. Sa marraine, qui la vit toute en pleurs, lui demanda ce qu'elle avait. « Je voudrais bien... je voudrais bien... » Elle pleurait si fort qu'elle ne put achever. Sa marraine, qui était fée, lui dit :

65 « Tu voudrais bien aller au bal, n'est-ce pas ?

– Hélas oui, dit Cendrillon en soupirant.

– Hé bien, seras-tu bonne fille ? dit sa marraine ; je t'y ferai aller. »

Elle la mena dans sa chambre, et lui dit : « Va dans le jardin
70 et apporte-moi une citrouille. » Cendrillon alla aussitôt cueillir la plus belle qu'elle put trouver, et la porta à sa marraine, ne pouvant deviner comment cette citrouille la pourrait faire aller au bal. Sa marraine la creusa et, n'ayant laissé que l'écorce, la frappa de sa baguette, et la citrouille fut aussitôt changée en un
75 beau carrosse tout doré. Ensuite elle alla regarder dans sa souricière, où elle trouva six souris toutes en vie ; elle dit à Cendrillon de lever un peu la trappe de la souricière, et à chaque souris qui sortait, elle lui donnait un coup de sa baguette, et la souris était aussitôt changée en un beau cheval ; ce qui fit un bel attelage de
80 six chevaux, d'un beau gris de souris pommelé[11].

Comme elle était en peine de[12] quoi elle ferait un cocher :

« Je vais voir, dit Cendrillon, s'il n'y a point quelque rat dans la ratière, nous en ferons un cocher.

– Tu as raison, dit sa marraine, va voir. »
85 Cendrillon lui apporta la ratière, où il y avait trois gros rats. La fée en prit un d'entre les trois, à cause de sa maîtresse barbe[13], et l'ayant touché, il fut changé en un gros cocher, qui avait une des plus belles moustaches qu'on ait jamais vues.

Ensuite elle lui dit : « Va dans le jardin, tu y trouveras six
90 lézards derrière l'arrosoir, apporte-les-moi. » Elle ne les eut pas plus tôt apportés, que la marraine les changea en six

---

| **11.** Couvert de taches rondes. | **12.** Ne savait pas. | **13.** Sa belle barbe.

laquais, qui montèrent aussitôt derrière le carrosse avec leurs habits chamarrés[14], et qui s'y tenaient attachés, comme s'ils n'eussent fait autre chose toute leur vie.

95   La fée dit alors à Cendrillon :

« Hé bien, voilà de quoi aller au bal, n'es-tu pas bien aise ?

– Oui, mais est-ce que j'irai comme cela avec mes vilains habits ? »

Sa marraine ne fit que la toucher avec sa baguette, et en 100 même temps ses habits furent changés en des habits de drap d'or et d'argent tout chamarrés de pierreries ; elle lui donna ensuite une paire de pantoufles de verre, les plus jolies du monde. Quand elle fut ainsi parée, elle monta en carrosse ; mais sa marraine lui recommanda sur toutes choses de ne 105 pas passer minuit, l'avertissant que si elle demeurait au bal un moment davantage, son carrosse redeviendrait citrouille, ses chevaux des souris, ses laquais des lézards, et que ses vieux habits reprendraient leur première forme. Elle promit à sa marraine qu'elle ne manquerait pas de sortir du bal avant 110 minuit.

Elle part, ne se sentant pas de joie. Le fils du roi qu'on alla avertir qu'il venait d'arriver une grande princesse qu'on ne connaissait point, courut la recevoir ; il lui donna la main à la descente du carrosse, et la mena dans la salle où était la 115 compagnie. Il se fit alors un grand silence ; on cessa de danser, et les violons ne jouèrent plus, tant on était attentif à contempler les grandes beautés de cette inconnue. On n'entendait qu'un bruit confus : « Ah, qu'elle est belle ! » Le roi même, tout vieux qu'il était, ne laissait pas de la regarder, et de dire tout 120 bas à la reine qu'il y avait longtemps qu'il n'avait vu si belle et si aimable personne. Toutes les dames étaient attentives à considérer sa coiffure et ses habits, pour en avoir dès le lendemain

| **14.** Colorés et richement ornés.

de semblables, pourvu qu'il se trouvât des étoffes assez belles, et des ouvriers assez habiles.

125 Le fils du roi la mit à la place la plus honorable, et ensuite la prit pour la mener danser : elle dansa avec tant de grâce, qu'on l'admira encore davantage. On apporta une fort belle collation[15] dont le jeune prince ne mangea point, tant il était occupé à la considérer. Elle alla s'asseoir auprès de ses sœurs, 130 et leur fit mille honnêtetés[16] : elle leur fit part[17] des oranges et des citrons que le prince lui avait donnés, ce qui les étonna fort, car elles ne la connaissaient point.

Lorsqu'elles causaient ainsi, Cendrillon entendit sonner onze heures trois quarts : elle fit aussitôt une grande révérence à la 135 compagnie, et s'en alla le plus vite qu'elle put. Dès qu'elle fut arrivée, elle alla trouver sa marraine et, après l'avoir remerciée, elle lui dit qu'elle souhaiterait bien aller encore le lendemain au bal, parce que le fils du roi l'en avait priée. Comme elle était occupée à raconter à sa marraine tout ce qui s'était 140 passé au bal, les deux sœurs heurtèrent à la porte ; Cendrillon leur alla ouvrir. « Que vous êtes longtemps à revenir ! » leur dit-elle en bâillant, en se frottant les yeux, et en s'étendant[18] comme si elle n'eût fait que de se réveiller ; elle n'avait cependant pas eu envie de dormir depuis qu'elles s'étaient quittées.

145 « Si tu étais venue au bal, lui dit une de ses sœurs, tu ne t'y serais pas ennuyée : il y est venu la plus belle princesse, la plus belle qu'on puisse jamais voir ; elle nous a fait mille civilités ; elle nous a donné des oranges et des citrons. »

Cendrillon ne se sentait pas de joie : elle leur demanda le 150 nom de cette princesse ; mais elles lui répondirent qu'on ne la connaissait pas, que le fils du roi en était fort en peine, et qu'il donnerait toutes choses au monde pour savoir qui elle était.

15. Léger repas.
16. Marques de politesse, amabilités.
17. Partagea avec elles (des fruits de luxe).
18. En s'étirant.

Cendrillon sourit et leur dit :

« Elle était donc bien belle ? Mon Dieu, que vous êtes
155 heureuses, ne pourrais-je point la voir ? Hélas ! Mademoiselle
Javotte, prêtez-moi votre habit jaune que vous mettez tous les
jours.

– Vraiment, dit mademoiselle Javotte, je suis de cet avis !
Prêtez votre habit à un vilain Cucendron comme cela, il
160 faudrait que je fusse bien folle. »

Cendrillon s'attendait bien à ce refus, et elle en fut bien aise,
car elle aurait été grandement embarrassée si sa sœur eût bien
voulu lui prêter son habit.

Le lendemain les deux sœurs furent au bal, et Cendrillon
165 aussi, mais encore plus parée que la première fois. Le fils du
roi fut toujours auprès d'elle, et ne cessa de lui conter des
douceurs ; la jeune demoiselle ne s'ennuyait point, et oublia
ce que sa marraine lui avait recommandé ; de sorte qu'elle
entendit sonner le premier coup de minuit, lorsqu'elle ne
170 croyait pas qu'il fût encore onze heures : elle se leva et s'enfuit
aussi légèrement qu'aurait fait une biche. Le prince la suivit,
mais il ne put l'attraper ; elle laissa tomber une de ses pantoufles
de verre, que le prince ramassa bien soigneusement. Cendrillon
arriva chez elle bien essoufflée, sans carrosse, sans laquais, et
175 avec ses méchants habits, rien ne lui étant resté de toute sa
magnificence qu'une de ses petites pantoufles, la pareille de
celle qu'elle avait laissé tomber. On demanda aux gardes de
la porte du palais s'ils n'avaient point vu sortir une princesse ;
ils dirent qu'ils n'avaient vu sortir personne, qu'une jeune fille
180 fort mal vêtue, et qui avait plus l'air d'une paysanne que d'une
demoiselle.

Quand ses deux sœurs revinrent du bal, Cendrillon leur
demanda si elles s'étaient encore bien diverties, et si la belle
dame y avait été ; elles lui dirent que oui, mais qu'elle s'était
185 enfuie lorsque minuit avait sonné, et si promptement qu'elle

avait laissé tomber une de ses pantoufles de verre, la plus jolie
du monde ; que le fils du roi l'avait ramassée, et qu'il n'avait
fait que la regarder pendant tout le reste du bal, et qu'assurément il était fort amoureux de la belle personne à qui appar-
190 tenait la petite pantoufle.

Elles dirent vrai, car peu de jours après, le fils du roi fit
publier à son de trompe, qu'il épouserait celle dont le pied
serait bien juste à la pantoufle. On commença à l'essayer aux
princesses, ensuite aux duchesses, et à toute la cour, mais inuti-
195 lement. On l'apporta chez les deux sœurs, qui firent tout leur
possible pour faire entrer leur pied dans la pantoufle, mais
elles ne purent en venir à bout. Cendrillon qui les regardait,
et qui reconnut sa pantoufle, dit en riant :

« Que je voie si elle ne me serait pas bonne ! » Ses sœurs se
200 mirent à rire et à se moquer d'elle. Le gentilhomme qui faisait
l'essai de la pantoufle, ayant regardé attentivement Cendrillon,
et la trouvant fort belle, dit que cela était juste, et qu'il avait
l'ordre de l'essayer à toutes les filles. Il fît asseoir Cendrillon,
et approchant la pantoufle de son petit pied, il vit qu'elle y
205 entrait sans peine, et qu'elle y était juste comme de cire[19].
L'étonnement des deux sœurs fut grand, mais plus grand
encore quand Cendrillon tira de sa poche l'autre petite
pantoufle qu'elle mit à son pied. Là-dessus arriva la marraine,
qui ayant donné un coup de sa baguette sur les habits de
210 Cendrillon, les fit devenir encore plus magnifiques que tous
les autres.

Alors ses deux sœurs la reconnurent pour la belle personne
qu'elles avaient vue au bal. Elles se jetèrent à ses pieds pour
lui demander pardon de tous les mauvais traitements qu'elles
215 lui avaient fait souffrir. Cendrillon les releva, et leur dit, en les
embrassant, qu'elle leur pardonnait de bon cœur, et qu'elle les

| **19.** Elle lui allait parfaitement.

priait de l'aimer bien toujours. On la mena chez le jeune prince,
parée comme elle était. Il la trouva encore plus belle que jamais,
et peu de jours après, il l'épousa. Cendrillon, qui était aussi
220 bonne que belle, fit loger ses deux sœurs au palais et les maria
dès le jour même à deux grands seigneurs de la cour.

MORALITÉ

La beauté pour le sexe[20] est un rare trésor,
De l'admirer jamais on ne se lasse;
Mais ce qu'on nomme bonne grâce[21]
225   Est sans prix et vaut mieux encor.
C'est ce qu'à Cendrillon fit avoir sa marraine,
En la dressant, en l'instruisant,
Tant et si bien qu'elle en fit une reine:
(Car ainsi sur ce conte on va moralisant.)
230 Belles, ce don vaut mieux que d'être bien coiffées,
Pour engager un cœur, pour en venir à bout,
La bonne grâce est le vrai don des Fées;
Sans elle on ne peut rien, avec elle, on peut tout.

AUTRE MORALITÉ

C'est sans doute un grand avantage,
235   D'avoir de l'esprit, du courage,
De la naissance, du bon sens,
Et d'autres semblables talents,
Qu'on reçoit du Ciel en partage;
Mais vous aurez beau les avoir,
240 Pour votre avancement[22] ce seront choses vaines,
Si vous n'avez, pour les faire valoir,
Ou des parrains ou des marraines.

| **20.** Les femmes. | **21.** Caractère agréable. | **22.** Fortune, haut rang dans la société.

Questions

Repérer et analyser

Le narrateur et la formule d'entrée

1 À quelle personne le narrateur mène-t-il le récit ?

2 Le conte commence-t-il par une formule d'entrée traditionnelle ?

La structure du conte et les forces agissantes

La situation initiale

3 a. Quels personnages composent la famille de Cendrillon ?

b. Quels sont leurs liens de parenté ?

4 Relevez les mots qui caractérisent Cendrillon et ceux qui caractérisent les deux sœurs. En quoi est-elle à l'opposé de ses sœurs ?

5 Le manque initial

> Dans la plupart des contes traditionnels, le héros (ou l'héroïne) souffre d'un manque : manque d'affection, manque d'enfants, manque d'argent.

Que manque-t-il à Cendrillon pour être heureuse ? Quelles sont ses conditions de vie ?

6 Les opposants

> Le héros du conte subit les attaques de personnages opposants.

Quels sont les personnages qui exercent leur pouvoir sur Cendrillon et s'opposent à son bonheur ?

L'élément déclencheur et les actions

7 Quel est l'événement qui survient ? Relevez l'expression qui l'annonce. Quel est le temps utilisé ?

8 Les adjuvants

> Le héros du conte est aidé par des personnages adjuvants.

Quel est le personnage qui vient aider Cendrillon (personnage adjuvant) ? Que lui permet-elle de faire ? En quoi l'aide-t-elle ?

9 Les épreuves

> Le héros du conte est souvent amené à accomplir une ou plusieurs épreuves pour parvenir à ses fins.

La fée impose à Cendrillon l'épreuve de l'obéissance parfaite. Précisez de quoi il s'agit.

10 « Elle laissa tomber une de ses pantoufles de verre » : en quoi cet événement relance-t-il l'action ?

Le dénouement et la situation finale

11 Quelles sont les dernières actions qui surviennent ? Quel est le dénouement ? Est-il heureux pour Cendrillon ?

12 Quelle est la situation finale ? Quel est le sort qui est réservé aux sœurs de Cendrillon ?

13 Comparez la situation initiale et la situation finale. Quels changements se sont opérés ?

Le cadre et la durée

14 **a.** Dans quel genre de maison habitent Cendrillon et sa famille ? S'agit-il d'une riche demeure ou d'une pauvre demeure ? Justifiez votre réponse.

b. Quelles sont les différentes pièces évoquées ? Quelles sont les pièces dans lesquelles Cendrillon a le droit de se tenir ?

15 Évaluez la durée de l'action à partir de la première soirée du bal.

Le merveilleux : la métamorphose

Le motif de la métamorphose (transformation magique d'un état en un autre) est fréquent dans les contes de fées.

16 **a.** Quels sont les éléments, végétaux et animaux, qui se métamorphosent sous la baguette de la fée ? Quelle trace gardent-ils de leur état premier ? Citez précisément le texte.

b. En quoi sont-ils des adjuvants pour Cendrillon ?

Le personnage de Cendrillon

17 **a.** Quels sont les deux surnoms qui ont été donnés à Cendrillon ? Sur quel nom sont-ils formés ? Quel rapport ce nom a-t-il avec le personnage de Cendrillon ?

b. De ces deux surnoms, lequel est le moins méchant ?

18 De quelle qualité essentielle Cendrillon fait-elle preuve tout au long du conte ? À quelles différentes occasions ?

La visée

19 Quel est le double titre du conte ? Justifiez-le.

20 Lisez les moralités.

a. Quelle est la qualité que chacun doit cultiver et qui surpasse la beauté ?

b. Quelle est l'importance des protecteurs de pouvoir dans la réussite sociale ?

c. Quelle leçon finalement le narrateur veut-il donner au lecteur à travers ce conte ?

Étudier la langue

La polysémie

Un mot est polysémique quand il revêt plusieurs sens.

21 **a.** Que signifie l'adjectif « méchant » dans l'expression « une méchante paillasse » ?

b. Que signifie ce même adjectif dans l'expression « une méchante fille » ?

Écrire

Imaginer un dialogue

22 Imaginez ce que les deux sœurs peuvent dire à Cendrillon pour se faire pardonner à la fin du conte. Que leur répond Cendrillon ?

Se documenter

Parures et vêtements féminins au XVIIe siècle

• L'habillement

L'habillement indiquait à cette époque, bien plus nettement qu'aujourd'hui, la classe sociale à laquelle on appartenait. Les vêtements coûtaient très cher car ils étaient fabriqués de manière artisanale et non industrielle, comme de nos jours. Les pauvres n'achetaient la plupart du temps que des vêtements d'occasion. En revanche, les

habits des nobles étaient d'un luxe souvent tapageur, malgré les édits publiés pour restreindre ces excès.

Les robes des femmes, appelées aussi « habits » étaient composées d'une jupe ample et d'un corselet lacé au milieu du dos. Pour paraître plus minces, les coquettes se faisaient lacer très serré.

Le corselet, très décolleté, était orné d'une garniture de dentelle ou de broderie dite « anglaise » (voir p. 68, l. 36-37). Les manches se terminaient parfois par des manchettes amovibles, bandes de mousseline ou de dentelle froncées, que l'on « godronnait » au fer ou à la main, ce qui consistait à faire des plis ronds après les avoir amidonnées. Pour sortir, les femmes pouvaient mettre une grande cape appelée « manteau » qui se fermait par une « barrette » ou « barrière », sorte de broche.

• Le maquillage

Les femmes de la noblesse et de la haute bourgeoisie se fardaient et se collaient sur le visage des « mouches », petites rondelles de taffetas qui imitaient les grains de beauté. Déterminer l'endroit du visage où chacune allait poser ses mouches était un grand art.

• La coiffure

La coiffure variait beaucoup avec la mode et les circonstances. C'était le plus souvent un échafaudage de boucles, auquel pouvaient s'adjoindre des « coiffes » (comme dans les costumes traditionnels). Les « coiffeuses » étaient les ouvrières qui confectionnaient ces parures (ici des « cornettes »), mais elles ne coiffaient leurs clientes au sens où nous l'entendons aujourd'hui : cette tâche revenait aux femmes de chambre.

• Les chaussures

Les chaussures étaient un luxe : les gens du peuple marchaient pieds nus ou en sabots. Pour rester à l'intérieur ou pour aller danser, les femmes portaient des souliers recouverts de soie ou de satin, ressemblant à des escarpins ou à des mules, appelées « pantoufles ».

Texte 7

Riquet à la houppe

Il était une fois une reine qui accoucha d'un fils, si laid et si mal fait, qu'on douta longtemps s'il avait forme humaine. Une fée, qui se trouva à sa naissance, assura qu'il ne laisserait pas d'être aimable, parce qu'il aurait beaucoup d'esprit ; elle ajouta
5 même qu'il pourrait, en vertu du don qu'elle venait de lui faire, donner autant d'esprit qu'il en aurait à la personne qu'il aimerait le mieux.

Tout cela consola un peu la pauvre reine, qui était bien affligée d'avoir mis au monde un si vilain marmot. Il est vrai
10 que cet enfant ne commença pas plus tôt à parler qu'il dit mille jolies choses, et qu'il avait dans toutes ses actions je ne sais quoi de si spirituel[1] qu'on en était charmé. J'oubliais de dire qu'il vint au monde avec une petite houppe de cheveux sur la tête, ce qui fit qu'on le nomma Riquet à la houppe, car Riquet
15 était le nom de la famille.

Au bout de sept ou huit ans, la reine d'un royaume voisin accoucha de deux filles. La première qui vint au monde était plus belle que le jour : la reine en fut si aise, qu'on appréhenda[2] que la trop grande joie qu'elle en avait ne lui fît mal. La même
20 fée qui avait assisté à la naissance du petit Riquet à la houppe était présente, et pour modérer la joie de la reine, elle lui déclara que cette petite princesse n'aurait point d'esprit, et qu'elle serait aussi stupide qu'elle était belle. Cela mortifia[3] beaucoup la reine ; mais elle eut quelques moments après un bien plus
25 grand chagrin, car la seconde fille dont elle accoucha se trouva extrêmement laide.

« Ne vous affligez point tant, Madame, lui dit la fée ; votre fille sera récompensée[4] d'ailleurs[5], et elle aura tant d'esprit, qu'on ne s'apercevra presque pas qu'il lui manque de la
30 beauté.

1. Plein d'esprit, intelligent.
2. Craignit.
3. Blessa dans son orgueil.
4. Aura une compensation.
5. D'une autre manière.

– Dieu le veuille, répondit la reine, mais n'y aurait-il point moyen de faire avoir un peu d'esprit à l'aînée qui est si belle ?

– Je ne puis rien pour elle, Madame, du côté de l'esprit, lui dit la fée ; mais je puis tout du côté de la beauté ; et comme il
35 n'y a rien que je ne veuille faire pour votre satisfaction, je vais lui donner pour don de pouvoir rendre beau ou belle la personne qui lui plaira. »

À mesure que ces deux princesses devinrent grandes, leurs perfections crûrent aussi avec elles, et on ne parlait partout
40 que de la beauté de l'aînée, et de l'esprit de la cadette. Il est vrai aussi que leurs défauts augmentèrent beaucoup avec l'âge. La cadette enlaidissait à vue d'œil, et l'aînée devenait plus stupide de jour en jour. Ou elle ne répondait rien à ce qu'on lui demandait, ou elle disait une sottise. Elle était avec cela si
45 maladroite qu'elle n'eût pu ranger quatre porcelaines sur le bord d'une cheminée sans en casser une, ni boire un verre d'eau sans en répandre la moitié sur ses habits.

Quoique la beauté soit un grand avantage dans une jeune personne, cependant la cadette l'emportait presque toujours
50 sur son aînée dans toutes les compagnies. D'abord, on allait du côté de la plus belle pour la voir et pour l'admirer, mais bientôt après, on allait à celle qui avait le plus d'esprit, pour lui entendre dire mille choses agréables ; et on était étonné qu'en moins d'un quart d'heure l'aînée n'avait plus personne
55 auprès d'elle, et que tout le monde s'était rangé autour de la cadette. L'aînée, quoique fort stupide, le remarqua bien, et elle eût donné sans regret toute sa beauté pour avoir la moitié de l'esprit de sa sœur. La reine, toute sage qu'elle était, ne put s'empêcher de lui reprocher plusieurs fois sa bêtise, ce qui
60 pensa faire mourir de douleur cette pauvre princesse.

Un jour qu'elle s'était retirée dans un bois pour y plaindre son malheur, elle vit venir à elle un petit homme fort laid et fort désagréable, mais vêtu très magnifiquement.

C'était le prince Riquet à la houppe, qui étant devenu amou-
65 reux d'elle sur ses portraits qui couraient par tout le monde,
avait quitté le royaume de son père pour avoir le plaisir de la
voir et de lui parler. Ravi de la rencontrer ainsi toute seule, il
l'aborde avec tout le respect et toute la politesse imaginables.
Ayant remarqué, après lui avoir fait les compliments ordi-
70 naires[6], qu'elle était fort mélancolique, il lui dit:

« Je ne comprends point, Madame, comment une personne
aussi belle que vous l'êtes peut être aussi triste que vous le
paraissez; car, quoique je puisse me vanter d'avoir vu une infinité de belles personnes, je puis dire que je n'en ai jamais vu
75 dont la beauté approche de la vôtre.

– Cela vous plaît à dire[7], Monsieur, lui répondit la princesse,
et en demeura là.

– La beauté, reprit Riquet à la houppe, est si grand avantage qu'il doit tenir lieu de tout le reste; et quand on le possède,
80 je ne vois pas qu'il y ait rien qui puisse nous affliger beaucoup.

– J'aimerais mieux, dit la princesse, être aussi laide que vous
et avoir de l'esprit, que d'avoir de la beauté comme j'en ai, et
être bête autant que je le suis.

– Il n'y a rien, Madame, qui marque davantage qu'on a de
85 l'esprit, que de croire n'en pas avoir, et il est de la nature de
ce bien-là, que plus on en a, plus on croit en manquer.

– Je ne sais pas cela, dit la princesse, mais je sais bien que je
suis fort bête, et c'est de là que vient le chagrin qui me tue.

– Si ce n'est que cela, Madame, qui vous afflige, je puis aisé-
90 ment mettre fin à votre douleur.

– Et comment ferez-vous ? dit la princesse.

– J'ai le pouvoir, Madame, dit Riquet à la houppe, de donner de l'esprit autant qu'on en saurait avoir à la personne
que je dois aimer le plus; et comme vous êtes, Madame,

| **6.** Les salutations d'usage. | **7.** C'est vous qui le dites (je ne suis pas d'accord).

95 cette personne, il ne tiendra qu'à vous que vous n'ayez autant
d'esprit qu'on en peut avoir, pourvu que vous vouliez bien
m'épouser. »

La princesse demeura toute interdite[8], et ne répondit rien.
« Je vois, reprit Riquet à la houppe, que cette proposition vous
100 fait de la peine, et je ne m'en étonne pas ; mais je vous donne
un an tout entier pour vous y résoudre. » La princesse avait
si peu d'esprit, et en même temps une si grande envie d'en
avoir, qu'elle s'imagina que la fin de cette année ne viendrait
jamais ; de sorte qu'elle accepta la proposition qui lui était
105 faite. Elle n'eut pas plus tôt promis à Riquet à la houppe qu'elle
l'épouserait dans un an à pareil jour, qu'elle se sentit toute
autre qu'auparavant ; elle se sentit une facilité incroyable à
dire tout ce qui lui plaisait, et à le dire d'une manière fine, aisée
et naturelle. Elle commença dès ce moment une conversation
110 galante[9] et soutenue avec Riquet à la houppe, où elle brilla
d'une telle force que Riquet à la houppe crut lui avoir donné
plus d'esprit qu'il ne s'en était réservé pour lui-même.

Quand elle fut retournée au palais, toute la cour ne savait
que penser d'un changement si subit et si extraordinaire, car
115 autant qu'on lui avait ouï dire d'impertinences[10] auparavant,
autant lui entendait on dire de choses bien sensées et infini-
ment spirituelles. Toute la cour en eut une joie qui ne se peut
imaginer ; il n'y eut que sa cadette qui n'en fut pas bien aise,
parce que n'ayant plus sur son aînée l'avantage de l'esprit,
120 elle ne paraissait plus auprès d'elle qu'une guenon fort
désagréable.

Le roi se conduisait par ses avis[11], et allait même quelquefois tenir le conseil dans son appartement. Le bruit de ce changement s'étant répandu, tous les jeunes princes des royaumes

---

8. Troublée, incapable de répondre.　**10.** Sottises.
9. Pleine d'entrain, spirituelle.　**11.** Prenait ses décisions selon ses conseils.

125 voisins firent leurs efforts pour s'en faire aimer, et presque
tous la demandèrent en mariage ; mais elle n'en trouvait point
qui eût assez d'esprit, et elle les écoutait tous sans s'engager
à pas un d'eux. Cependant il en vint un si puissant, si riche,
si spirituel et si bien fait, qu'elle ne put s'empêcher d'avoir de
130 la bonne volonté[12] pour lui. Son père, s'en étant aperçu, lui
dit qu'il la faisait la maîtresse sur le choix d'un époux, et qu'elle
n'avait qu'à se déclarer. Comme plus on a d'esprit et plus on
a de peine à prendre une ferme résolution sur cette affaire, elle
demanda, après avoir remercié son père, qu'il lui donnât du
135 temps pour y penser.

   Elle alla par hasard se promener dans le même bois où elle
avait trouvé Riquet à la houppe, pour rêver plus commodé-
ment à ce qu'elle avait à faire. Dans le temps qu'elle se prome-
nait, rêvant profondément, elle entendit un bruit sourd sous
140 ses pieds, comme de plusieurs personnes qui vont et viennent
et qui agissent. Ayant prêté l'oreille plus attentivement, elle
ouï que l'on disait : « Apporte-moi cette marmite » ; l'autre :
« Donne-moi cette chaudière » ; l'autre : « Mets du bois dans
ce feu. » La terre s'ouvrit dans le même temps, et elle vit sous
145 ses pieds comme une grande cuisine pleine de cuisiniers, de
marmitons et de toutes sortes d'officiers[13] nécessaires pour
faire un festin magnifique. Il en sortit une bande de vingt ou
trente rôtisseurs, qui allèrent se camper dans une allée du bois
autour d'une table fort longue, et qui tous, la lardoire[14] à la
150 main, et la queue de renard sur l'oreille[15], se mirent à travailler
en cadence au son d'une chanson harmonieuse.

   La princesse, étonnée de ce spectacle, leur demanda pour
qui ils travaillaient. « C'est, Madame, lui répondit le plus apparent de la bande, pour le prince Riquet à la houppe, dont les

---

12. De l'attirance.
13. Domestiques chargés de certaines
fonctions dans la maison du prince.

14. Brochette pour faire des trous dans la
viande et y piquer des morceaux de lard.
15. Insigne des cuisiniers des grands seigneurs.

155 noces se feront demain. » La princesse, encore plus surprise
qu'elle ne l'avait été, et se ressouvenant tout à coup qu'il y
avait un an qu'à pareil jour, elle avait promis d'épouser le
prince Riquet à la houppe, pensa tomber de son haut[16]. Ce qui
faisait qu'elle ne s'en souvenait pas, c'est que quand elle fit
160 cette promesse, elle était une bête, et qu'en prenant le nouvel
esprit que le prince lui avait donné, elle avait oublié toutes ses
sottises.

Elle n'eut pas fait trente pas en continuant sa promenade,
que Riquet à la houppe se présenta à elle, brave[17], magnifique,
165 et comme un prince qui va se marier.

« Vous me voyez, dit-il, Madame, exact à tenir ma parole,
et je ne doute point que vous ne veniez ici pour exécuter la
vôtre, et me rendre, en me donnant la main[18], le plus heureux
de tous les hommes.

170 — Je vous avouerai franchement, répondit la princesse, que
je n'ai pas encore pris ma résolution là-dessus, et que je ne
crois pas pouvoir jamais la prendre telle que vous la souhaitez.

| 16. À la renverse. | 17. Élégant. | 18. En m'épousant.

– Vous m'étonnez, Madame, lui dit Riquet à la houppe.

– Je le crois, dit la princesse et assurément si j'avais affaire
175 à un brutal[19], à un homme sans esprit, je me trouverais bien
embarrassée. Une princesse n'a que sa parole, me dirait-il, et
il faut que vous m'épousiez, puisque vous me l'avez promis ;
mais comme celui à qui je parle est l'homme du monde qui a
le plus d'esprit, je suis sûre qu'il entendra raison. Vous savez
180 que quand je n'étais qu'une bête, je ne pouvais néanmoins me
résoudre à vous épouser ; comment voulez-vous qu'ayant l'esprit que vous m'avez donné, qui me rend encore plus difficile
en[20] gens que je n'étais, je prenne aujourd'hui une résolution
que je n'ai pu prendre dans ce temps-là ? Si vous pensiez tout
185 de bon à m'épouser, vous avez eu grand tort de m'ôter ma
bêtise, et de me faire voir plus clair que je ne voyais.

– Si un homme sans esprit, répondit Riquet à la houppe,
serait bien reçu[21], comme vous venez de le dire, à vous reprocher votre manque de parole, pourquoi voulez-vous, Madame,
190 que je n'en use pas de même, dans une chose où il y va de tout
le bonheur de ma vie ? Est-il raisonnable que les personnes
qui ont de l'esprit soient d'une pire condition que celles qui
n'en ont pas ? Le pouvez-vous prétendre, vous qui en avez
tant, et qui avez tant souhaité d'en avoir ? Mais venons au
195 fait, s'il vous plaît. À la réserve[22] de ma laideur, y a-t-il quelque
chose en moi qui vous déplaise ? Êtes-vous mal contente de
ma naissance, de mon esprit, de mon humeur, et de mes
manières ?

– Nullement, répondit la princesse, j'aime en vous tout ce
200 que vous venez de me dire.

– Si cela est ainsi, reprit Riquet à la houppe, je vais être
heureux, puisque vous pouvez me rendre le plus aimable de
tous les hommes.

---

19. Esprit grossier.   **21.** Aurait raison de.
20. Pour les…   **22.** À part.

– Comment cela se peut-il faire ? lui dit la princesse.

205   – Cela se fera, répondit Riquet à la houppe, si vous m'aimez assez pour souhaiter que cela soit ; et afin, Madame, que vous n'en doutiez pas, sachez que la même fée qui, au jour de ma naissance, me fit le don de pouvoir rendre spirituelle la personne qu'il me plairait, vous a aussi fait le don de pouvoir
210   rendre beau celui que vous aimerez, et à qui vous voudrez bien faire cette faveur.

– Si la chose est ainsi, dit la princesse, je souhaite de tout mon cœur que vous deveniez le prince du monde le plus beau et le plus aimable ; et je vous en fais le don autant qu'il est en
215   moi[23].

La princesse n'eut pas plus tôt prononcé ces paroles, que Riquet à la houppe parut à ses yeux l'homme du monde le plus beau, le mieux fait et le plus aimable qu'elle eût jamais vu. Quelques-uns assurent que ce ne furent point les charmes[24]
220   de la fée qui opérèrent, mais que l'amour seul fit cette métamorphose. Ils disent que la princesse ayant fait réflexion sur la persévérance de son amant, sur sa discrétion[25] et sur toutes les bonnes qualités de son âme et de son esprit, ne vit plus la difformité de son corps, ni la laideur de son visage, que sa
225   bosse ne lui sembla plus que le bon air d'un homme qui fait le gros dos[26], et qu'au lieu que jusqu'alors elle l'avait vu boiter effroyablement, elle ne lui trouva plus qu'un certain air penché qui la charmait ; ils disent encore que ses yeux qui étaient louches[27], ne lui en parurent que plus brillants, que leur déré-
230   glement passa dans son esprit pour la marque d'un violent excès d'amour, et qu'enfin son gros nez rouge eut quelque chose de martial[28] et d'héroïque.

---

23. Autant que je le peux.
24. Le pouvoir magique.
25. Son jugement sûr.
26. L'allure d'un élégant qui se voûte pour faire l'important (c'était la mode).
27. Louchaient.
28. Guerrier (du dieu Mars, dieu de la guerre).

Quoi qu'il en soit, la princesse lui promit sur-le-champ de l'épouser, pourvu qu'il en obtint le consentement du roi son
235 père. Le roi ayant su que sa fille avait beaucoup d'estime pour Riquet à la houppe, qu'il connaissait d'ailleurs pour un prince très spirituel et très sage, le reçut avec plaisir pour son gendre. Dès le lendemain les noces furent faites, ainsi que Riquet à la houppe l'avait prévu, et selon les ordres qu'il en avait donnés
240 longtemps auparavant.

MORALITÉ

Ce que l'on voit dans cet écrit
Est moins un conte en l'air que la vérité même
Tout est beau dans ce que l'on aime,
Tout ce qu'on aime a de l'esprit.

AUTRE MORALITÉ

245 *Dans un objet[29] où la Nature*
Aura mis de beaux traits, et la vive peinture
D'un teint où jamais l'Art ne saurait arriver,
Tous ces dons pourront moins pour rendre un cœur sensible,
Qu'un seul agrément invisible
250 *Que l'Amour y fera trouver.*

| **29.** Personne inspirant l'amour.

Questions

Repérer et analyser

Le narrateur

1 À quelle personne le narrateur mène-t-il le récit ?

2 a. Relevez dans le deuxième paragraphe la phrase dans laquelle le narrateur intervient en personne dans le récit pour faire un commentaire. Quel pronom utilise-t-il ?

b. Quel est l'intérêt de ce commentaire ?

La structure du conte

3 a. La situation initiale est particulièrement longue dans ce conte. Délimitez-la. Appuyez-vous pour répondre sur l'indication temporelle qui annonce l'arrivée d'un événement. De quel événement s'agit-il ?

b. Quels sont les événements qui s'enchaînent à partir de ce moment ?

c. Quel est le dénouement du conte ? S'agit-il d'un dénouement heureux ?

Le cadre et la durée

4 a. Quelle est la durée approximative de l'action entre le début et la fin du conte (sachant qu'une princesse se marie vers l'âge de quinze ans) ?

b. Combien de temps s'écoule-t-il entre les deux rencontres de Riquet et de la princesse ?

5 a. Relevez les indications de lieu. L'action est-elle précisément localisée ?

b. Dans quel lieu Riquet et la princesse se rencontrent-ils ?

Les personnages

Riquet et la princesse

6 a. À quel détail physique Riquet doit-il son nom ?

b. Quel don reçoit-il de la fée ?

c. Quels sont les principaux défauts physiques de Riquet (l. 224 à 232) ?

d. Outre son esprit, de quelles autres qualités fait-il preuve ? Justifiez votre réponse.

7 Relevez les expressions qui caractérisent la princesse. Comment son manque d'intelligence se manifeste-t-il ?

8 a. Riquet lui fait remarquer qu'elle est moins bête qu'elle ne le croit (l. 84 à 86). Justifiez ces paroles.

b. En quoi Riquet et la princesse sont-ils complémentaires ?

Le dialogue argumentatif

Argumenter, c'est tenter de convaincre quelqu'un d'adopter un point de vue en lui donnant des arguments, c'est-à-dire des raisons et des preuves.
Réfuter des arguments, c'est y répondre point par point.

9 a. Quels sont les trois arguments que la princesse donne à Riquet pour justifier son refus de l'épouser (l. 174 à 186) ? Reformulez-les avec vos propres mots.

b. Quel argument fait appel à la flatterie ?

c. Quel argument fait appel à la logique ?

10 Quels contre-arguments Riquet lui oppose-t-il (l. 187 à 198) ? Vous pouvez répondre sous forme de tableau.

Arguments de la princesse	Contre-arguments de Riquet
Argument 1 « Vous êtes trop intelligent pour commettre la sottise de me contraindre à vous épouser en me faisant le chantage de la parole donnée. »	

Le merveilleux

11 Quels sont les différents éléments merveilleux qui apparaissent dans ce conte ?

La visée

12 Montrez que ce conte met en avant les pouvoirs de l'amour.
– La première moralité attribue-t-elle la transformation de Riquet à une cause magique ou naturelle ? Justifiez votre réponse.
– Selon la seconde moralité, qu'est-ce qui est plus séduisant que la beauté physique et que seul l'amour permet de déceler ?

Écrire

Argumenter

13 Quelle importance accordez-vous à la beauté physique ? Pensez-vous qu'elle soit un atout important dans la vie ? Justifiez votre position en quelques lignes.

Faire un portrait

14 Vous avez un ami très laid et une amie très belle, ou inversement. Présentez-les en quelques lignes.

Texte 8
Le Petit Poucet

Il était une fois un bûcheron et une bûcheronne, qui avaient sept enfants, tous garçons. L'aîné n'avait que dix ans, et le plus jeune n'en avait que sept. On s'étonnera que le bûcheron ait eu tant d'enfants en si peu de temps ; mais c'est que sa

5 femme allait vite en besogne, et n'en faisait pas moins que deux à la fois.

Ils étaient fort pauvres, et leurs sept enfants les incommodaient beaucoup, parce qu'aucun d'eux ne pouvait encore gagner sa vie. Ce qui les chagrinait encore, c'est que le plus

10 jeune était fort délicat, et ne disait mot ; prenant pour bêtise ce qui était une marque de la bonté de son esprit[1]. Il était fort petit, et quand il vint au monde, il n'était guère plus gros que le pouce, ce qui fit que l'on l'appela le Petit Poucet.

Ce pauvre enfant était le souffre-douleur de la maison, et

15 on lui donnait toujours le tort. Cependant, il était le plus fin et le plus avisé de tous ses frères, et s'il parlait peu, il écoutait beaucoup.

Il vint une année très fâcheuse et la famine fut si grande, que ces pauvres gens résolurent de se défaire de leurs enfants. Un

20 soir que ces enfants étaient couchés, et que le bûcheron était auprès du feu avec sa femme, il lui dit, le cœur serré de douleur :

« Tu vois bien que nous ne pouvons plus nourrir nos enfants : je ne saurais les voir mourir de faim devant mes yeux, et je suis résolu de les mener perdre demain au bois, ce qui sera

25 bien aisé, car tandis qu'ils s'amuseront à fagoter[2] nous n'avons qu'à nous enfuir sans qu'ils nous voient.

– Ah ! s'écria la bûcheronne, pourrais-tu bien toi-même mener perdre tes enfants ! »

Son mari avait beau lui représenter leur grande pauvreté,

30 elle ne pouvait y consentir ; elle était pauvre, mais elle était leur mère. Cependant ayant considéré quelle douleur ce lui

---

| **1.** Ce qui était une preuve de son intelligence. | **2.** S'occuperont à faire des fagots.

serait de les voir mourir de faim, elle y consentit, et alla se
coucher en pleurant.

Le Petit Poucet ouït tout ce qu'ils dirent, car ayant entendu
35 de dedans son lit qu'ils parlaient d'affaires, il s'était levé doucement, et s'était glissé sous l'escabelle³ de son père pour les
écouter sans être vu. Il alla se recoucher et ne dormit point le
reste de la nuit, songeant à ce qu'il avait à faire. Il se leva de
bon matin, et alla au bord d'un ruisseau où il emplit ses poches
40 de petits cailloux blancs, et ensuite revint à la maison. On
partit, et le Petit Poucet ne découvrit rien de tout ce qu'il savait
à ses frères. Ils allèrent dans une forêt fort épaisse, où à dix
pas de distance on ne se voyait pas l'un l'autre. Le bûcheron
se mit à couper du bois et ses enfants à ramasser les brou-
45 tilles pour faire des fagots. Le père et la mère, les voyant
occupés à travailler, s'éloignèrent d'eux insensiblement, et puis
s'enfuirent tout à coup par un petit sentier détourné.

Lorsque ces enfants se virent seuls, ils se mirent à crier et à
pleurer de toute leur force. Le Petit Poucet les laissait crier,
50 sachant bien par où il reviendrait à la maison ; car en marchant
il avait laissé tomber le long du chemin les petits cailloux blancs
qu'il avait dans ses poches. Il leur dit donc : « Ne craignez
point, mes frères, mon père et ma mère nous ont laissés ici,
mais je vous ramènerai bien au logis : suivez-moi seulement. »
55 Ils le suivirent, et il les mena jusqu'à leur maison par le même
chemin qu'ils étaient venus dans la forêt. Ils n'osèrent d'abord⁴
entrer, mais ils se mirent tous contre la porte pour écouter ce
que disaient leur père et leur mère.

Dans le moment que le bûcheron et la bûcheronne arrivè-
60 rent chez eux, le seigneur du village leur envoya dix écus⁵ qu'il
leur devait il y avait longtemps et dont ils n'espéraient plus

---

3. Le tabouret (l'escabeau).
4. Tout de suite.

5. Pièce de monnaie valant 0,45 € si elle
est en argent, et le double si elle est en or.

rien. Cela leur redonna la vie, car les pauvres gens mouraient de faim. Le bûcheron envoya sur l'heure[6] sa femme à la boucherie. Comme il y avait longtemps qu'elle n'avait mangé,
65 elle acheta trois fois plus de viande qu'il n'en fallait pour le souper de deux personnes. Lorsqu'ils furent rassasiés, la bûcheronne dit : « Hélas, où sont maintenant nos pauvres enfants ? Ils feraient bonne chère de ce qui nous reste là ! Mais aussi, Guillaume, c'est toi qui les as voulu perdre j'avais bien dit que
70 nous nous en repentirions. Que font-ils maintenant dans cette forêt ? Hélas ! mon Dieu, les loups les ont peut-être déjà mangés ! Tu es bien inhumain d'avoir perdu ainsi tes enfants. » Le bûcheron s'impatienta à la fin, car elle redit plus de vingt fois qu'ils s'en repentiraient et qu'elle l'avait bien dit. Il la
75 menaça de la battre si elle ne se taisait. Ce n'est pas que le bûcheron ne fût peut-être encore plus fâché[7] que sa femme, mais c'est qu'elle lui rompait la tête, et qu'il était de l'humeur de beaucoup d'autres gens, qui aiment fort les femmes qui disent bien, mais qui trouvent très importunes[8] celles qui
80 ont toujours bien dit.

   La bûcheronne était tout en pleurs : « Hélas ! où sont maintenant mes enfants, mes pauvres enfants ! » Elle le dit une fois si haut que les enfants qui étaient à ta porte, l'ayant entendu, se mirent à crier tous ensemble : « Nous voilà, nous voilà. » Elle
85 courut vite leur ouvrir la porte, et leur dit en les embrassant : « Que je suis aise de vous revoir, mes chers enfants ! Vous êtes bien las, et vous avez bien faim ; et toi, Pierrot, comme te voilà crotté, viens que je te débarbouille. » Ce Pierrot était son fils aîné qu'elle aimait plus que tous les autres, parce qu'il était
90 un peu rousseau, et qu'elle était un peu rousse.

   Ils se mirent à table, et mangèrent d'un appétit qui faisait plaisir au père et à la mère, à qui ils racontaient la peur qu'ils

---

| **6.** Aussitôt. | **7.** Triste. | **8.** Désagréables, agaçantes.

avaient eue dans la forêt, en parlant presque toujours tous
ensemble. Ces bonnes gens étaient ravis de revoir leurs enfants
95 avec eux, et cette joie dura tant que les dix écus durèrent ;
mais lorsque l'argent fut dépensé, ils retombèrent dans leur
premier chagrin, et résolurent de les perdre encore ; et pour
ne pas manquer leur coup, de les mener bien plus loin que la
première fois.

100   Ils ne purent parler de cela si secrètement qu'ils ne fussent
entendus par le Petit Poucet, qui fit son compte de sortir d'affaire comme il avait déjà fait ; mais quoiqu'il se fût levé de bon
matin pour aller ramasser de petits cailloux, il ne put en venir
à bout, car il trouva la porte de la maison fermée à double
105 tour. Il ne savait que faire, lorsque la bûcheronne leur ayant
donné à chacun un morceau de pain pour leur déjeuner, il
songea qu'il pourrait se servir de son pain au lieu de cailloux,
en le jetant par miettes le long des chemins où ils passeraient :
il le serra donc dans sa poche.

110   Le père et la mère les menèrent dans l'endroit de la forêt le
plus épais et le plus obscur, et dès qu'ils y furent, ils gagnèrent
un faux-fuyant[9] et les laissèrent là. Le Petit Poucet ne s'en
chagrina pas beaucoup, parce qu'il croyait retrouver aisément
son chemin par le moyen de son pain qu'il avait semé partout
115 où il avait passé ; mais il fut bien surpris lorsqu'il ne put en
retrouver une seule miette : les oiseaux étaient venus qui avaient
tout mangé.

    Les voilà donc bien affligés[10], car plus ils marchaient, plus
ils s'égaraient, et s'enfonçaient dans la forêt. La nuit vint, et
120 il s'éleva un grand vent qui leur faisait des peurs épouvan-
tables. Ils croyaient n'entendre de tous côtés que les hurle-
ments de loups qui venaient à eux pour les manger. Ils n'osaient
presque se parler ni tourner la tête. Il survint une grosse pluie

---

| **9.** Petit sentier écarté. | **10.** Malheureux.

qui les perça jusqu'aux os ; ils glissaient à chaque pas et
125 tombaient dans la boue, d'où ils se relevaient tout crottés, ne
sachant que faire de leurs mains.

Le Petit Poucet grimpa au haut d'un arbre pour voir s'il ne
découvrirait rien ; ayant tourné la tête de tous côtés, il vit
une petite lueur comme d'une chandelle, mais qui était bien
130 loin par-delà la forêt. Il descendit de l'arbre ; et lorsqu'il fut à
terre il ne vit plus rien ; cela le désola. Cependant ayant marché
quelque temps avec ses frères, du côté qu'il avait vu la lumière,
il la revit en sortant du bois.

Ils arrivèrent enfin à la maison où était cette chandelle, non
135 sans bien des frayeurs, car souvent ils la perdaient de vue, ce
qui leur arrivait toutes les fois qu'ils descendaient dans
quelque fond. Ils heurtèrent à la porte, et une bonne[11] femme
vint leur ouvrir. Elle leur demanda ce qu'ils voulaient ; le Petit
Poucet lui dit qu'ils étaient de pauvres enfants qui s'étaient
140 perdus dans la forêt, et qui demandaient à coucher par
charité. Cette femme, les voyant tous si jolis, se mit à pleurer,
et leur dit :

– Hélas ! mes pauvres enfants, où êtes-vous venus ? Savez-
vous bien que c'est ici la maison d'un ogre qui mange les petits
145 enfants ?

– Hélas ! Madame, lui répondit le Petit Poucet, qui tremblait
de toute sa force aussi bien que ses frères, que ferons-nous ?
Il est bien sûr que les loups de la forêt ne manqueront pas de
nous manger cette nuit, si vous ne voulez pas nous retirer[12]
150 chez vous. Et cela étant, nous aimons mieux que ce soit
Monsieur qui nous mange ; peut-être qu'il aura pitié de nous,
si vous voulez bien l'en prier. »

La femme de l'ogre, qui crut qu'elle pourrait les cacher à
son mari jusqu'au lendemain matin, les laissa entrer et les

| **11.** Vieille. | **12.** Recevoir.

155 mena se chauffer auprès d'un bon feu ; car il y avait un mouton
tout entier à la broche pour le souper de l'ogre.

Comme ils commençaient à se chauffer, ils entendirent
heurter trois ou quatre grands coups à la porte : c'était l'ogre
qui revenait. Aussitôt sa femme les fit cacher sous le lit et alla
160 ouvrir la porte. L'ogre demanda d'abord si le souper était prêt
et si on avait tiré du vin, et aussitôt se mit à table. Le mouton
était encore tout sanglant, mais il ne lui en sembla que meilleur.
Il flairait à droite et à gauche, disant qu'il sentait la chair
fraîche.

165 « Il faut, lui dit sa femme, que ce soit ce veau que je viens
d'habiller[13], que vous sentez.

– Je sens la chair fraîche, te dis-je encore une fois, reprit
l'ogre, en regardant sa femme de travers, et il y a ici quelque
chose que je n'entends pas[14]. »

170 En disant ces mots, il se leva de table et alla droit au lit. « Ah,
dit-il, voilà donc comme tu veux me tromper, maudite femme !
Je ne sais à quoi il tient que je ne te mange aussi : bien t'en
prend d'être une vieille bête. Voilà du gibier qui me vient bien
à propos pour traiter[15] trois ogres de mes amis qui doivent me
175 venir voir ces jours-ci. »

Il les tira de dessous le lit l'un après l'autre. Ces pauvres
enfants se mirent à genoux en lui demandant pardon ; mais ils
avaient affaire au plus cruel de tous les ogres, qui bien loin
d'avoir de la pitié, les dévorait déjà des yeux, et disait à sa
180 femme que ce serait là de friands morceaux lorsqu'elle leur
aurait fait une bonne sauce.

Il alla prendre un grand couteau, et en approchant de ces
pauvres enfants, il l'aiguisait sur une longue pierre qu'il tenait
à sa main gauche. Il en avait déjà empoigné un, lorsque sa
185 femme lui dit :

---

13. Apprêter la viande comme le fait le boucher, en enlevant la peau et les entrailles. **14.** Je ne comprends pas. **15.** Régaler.

« Que voulez-vous faire à l'heure qu'il est ? N'aurez-vous pas assez de temps demain matin ?

– Tais-toi, reprit l'ogre, ils en seront plus mortifiés[16].

– Mais vous avez encore là tant de viande, reprit sa femme :
190 voilà un veau, deux moutons et la moitié d'un cochon !

– Tu as raison, dit l'ogre ; donne-leur bien à souper afin qu'ils ne maigrissent pas, et va les mener coucher. »

La bonne femme fut ravie de joie, et leur porta bien à souper, mais ils ne purent manger tant ils étaient saisis de peur. Pour
195 l'ogre, il se remit à boire, ravi d'avoir de quoi si bien régaler ses amis. Il but une douzaine de coups plus qu'à l'ordinaire, ce qui lui donna un peu dans la tête, et l'obligea de s'aller coucher.

L'ogre avait sept filles qui n'étaient encore que des enfants.
200 Ces petites ogresses avaient toutes le teint fort beau, parce qu'elles mangeaient de la chair fraîche comme leur père ; mais elles avaient de petits yeux gris et tout ronds, le nez crochu et une fort grande bouche avec de longues dents fort aiguës et fort éloignées l'une de l'autre. Elles n'étaient pas encore fort
205 méchantes ; mais elles promettaient beaucoup, car elles mordaient déjà les petits enfants pour en sucer le sang.

On les avait fait coucher de bonne heure, et elles étaient toutes sept dans un grand lit, ayant chacune une couronne d'or sur la tête. Il y avait dans la même chambre un autre lit
210 de la même grandeur : ce fut dans ce lit que la femme de l'ogre mit coucher les sept petits garçons ; après quoi, elle s'alla coucher auprès de son mari.

Le Petit Poucet qui avait remarqué que les filles de l'ogre avaient des couronnes d'or sur la tête, et qui craignait qu'il ne
215 prît à l'ogre quelque remords de ne les avoir pas égorgés dès le soir même, se leva vers le milieu de la nuit, et prenant les

| **16.** Plus tendres car faisandés (qui commencent à se décomposer).

bonnets de ses frères et le sien, il alla tout doucement les mettre
sur la tête des sept filles de l'ogre, après leur avoir ôté leurs
couronnes d'or qu'il mit sur la tête de ses frères et sur la sienne,
220 afin que l'ogre les prît pour ses filles, et ses filles pour les
garçons qu'il voulait égorger. La chose réussit comme il l'avait
pensé ; car l'ogre, s'étant éveillé sur le minuit, eut regret d'avoir
différé au lendemain ce qu'il pouvait exécuter la veille ; il se
jeta donc brusquement hors du lit, et prenant son grand
225 couteau : « Allons voir, dit-il, comment se portent nos petits
drôles, n'en faisons pas à deux fois[17]. »

Il monta donc à tâtons à la chambre de ses filles et s'approcha du lit où étaient les petits garçons, qui dormaient tous,
excepté le Petit Poucet, qui eut bien peur lorsqu'il sentit la
230 main de l'ogre qui lui tâtait la tête, comme il avait tâté celles
de tous ses frères. L'ogre, qui sentit les couronnes d'or :
« Vraiment, dit-il, j'allais faire là un bel ouvrage ; je vois bien
que je bus trop hier au soir. » Il alla ensuite au lit de ses filles,
où ayant senti les petits bonnets des garçons : « Ah, les voilà,
235 dit-il, nos gaillards ! Travaillons hardiment. » En disant ces
mots, il coupa sans balancer[18] la gorge à ses sept filles. Fort
content de cette expédition, il alla se recoucher auprès de sa
femme.

Aussitôt que le Petit Poucet entendit ronfler l'ogre, il réveilla
240 ses frères, et leur dit de s'habiller promptement et de le suivre.
Ils descendirent doucement dans le jardin, et sautèrent par-
dessus les murailles. Ils coururent presque toute la nuit,
toujours en tremblant et sans savoir où ils allaient. L'ogre
s'étant éveillé dit à sa femme : « Va-t'en là-haut habiller ces
245 petits drôles d'hier au soir. » L'ogresse fut fort étonnée de la
bonté de son mari, ne se doutant point de la manière qu'il
entendait qu'elle les habillât, et croyant qu'il lui ordonnait

| **17.** Ne nous y reprenons pas à deux fois. | **18.** Hésiter.

de les aller vêtir ; elle monta en haut où elle fut bien surprise lorsqu'elle aperçut ses sept filles égorgées et nageant dans
250 leur sang.

Elle commença par s'évanouir (car c'est le premier expédient[19] que trouvent presque toutes les femmes en pareilles rencontres[20]). L'ogre, craignant que sa femme ne fût trop long-temps à faire la besogne dont il l'avait chargée, monta en haut
255 pour lui aider. Il ne fut pas moins étonné que sa femme lorsqu'il vit cet affreux spectacle. « Ah, qu'ai-je fait là ? s'écriat-il ; ils me le payeront, les malheureux, et tout à l'heure[21]. » Il jeta aussitôt une potée[22] d'eau dans le nez de sa femme, et l'ayant fait revenir : « Donne-moi vite mes bottes de sept lieues,
260 lui dit-il, afin que j'aille les attraper. » Il se mit en campagne, et, après avoir couru bien loin de tous côtés, enfin il entra dans le chemin où marchaient ces pauvres enfants qui n'étaient plus qu'à cent pas du logis de leur père. Ils virent l'ogre qui allait de montagne en montagne, et qui traversait des rivières
265 aussi aisément qu'il aurait fait le moindre ruisseau. Le Petit Poucet, qui vit un rocher creux proche le lieu où ils étaient, y fit cacher ses six frères, et s'y fourra aussi, regardant toujours ce que l'ogre deviendrait. L'ogre, qui se trouvait fort las du long chemin qu'il avait fait inutilement (car les bottes de sept
270 lieues fatiguent fort leur homme), voulut se reposer, et par hasard il alla s'asseoir sur la roche où les petits garçons s'étaient cachés.

Comme il n'en pouvait plus de fatigue, il s'endormit après s'être reposé quelque temps, et vint à ronfler si effroyable-
275 ment que les pauvres enfants n'en eurent pas moins de peur que quand il tenait son grand couteau pour leur couper la gorge. Le Petit Poucet en eut moins de peur, et dit à ses frères

---

19. Solution, moyen de se tirer d'affaire.
20. Occasions.
21. Tout de suite.
22. Le contenu d'un pot, d'une cruche.

de s'enfuir promptement à la maison pendant que l'ogre dormait bien fort, et qu'ils ne se missent point en peine de lui. 280 Ils crurent son conseil et gagnèrent vite la maison. Le Petit Poucet, s'étant approché de l'ogre, lui tira doucement ses bottes, et les mit aussitôt. Les bottes étaient fort grandes et fort larges ; mais comme elles étaient fées, elles avaient le don de s'agrandir et de s'apetisser selon la jambe de celui qui les 285 chaussait, de sorte qu'elles se trouvèrent aussi justes à ses pieds et à ses jambes que si elles avaient été faites pour lui.

Il alla droit à la maison de l'ogre, où il trouva sa femme qui pleurait auprès de ses filles égorgées. « Votre mari, lui dit le Petit Poucet, est en grand danger, car il a été pris par une troupe 290 de voleurs qui ont juré de le tuer s'il ne leur donne tout son or et tout son argent. Dans le moment qu'ils lui tenaient le poignard sur la gorge, il m'a aperçu et m'a prié de vous venir avertir de l'état où il est, et de vous dire de me donner tout ce qu'il a vaillant[23] sans en rien retenir, parce qu'autrement ils 295 le tueront sans miséricorde : comme la chose presse beaucoup, il a voulu que je prisse ses bottes de sept lieues que voilà, pour faire diligence, et aussi afin que vous ne croyiez pas que je sois un affronteur[24]. »

La bonne femme fort effrayée lui donna aussitôt tout ce 300 qu'elle avait : car cet ogre ne laissait pas d'être fort bon mari quoiqu'il mangeât les petits enfants. Le Petit Poucet, étant donc chargé de toutes les richesses de l'ogre, s'en revint au logis de son père, où il fut reçu avec bien de la joie.

Il y a bien des gens qui ne demeurent pas d'accord de cette 305 dernière circonstance, et qui prétendent que le Petit Poucet n'a jamais fait ce vol à l'ogre ; qu'à la vérité, il n'avait pas fait conscience[25] de lui prendre ses bottes de sept lieues, parce qu'il ne s'en servait que pour courir après les petits enfants. Ces

| **23.** Tout son argent disponible. | **24.** Menteur rusé. | **25.** Il n'avait pas de scrupule à…

gens-là assurent le savoir de bonne part, et même pour avoir
310 bu et mangé dans la maison du bûcheron. Ils assurent que,
lorsque le Petit Poucet eut chaussé les bottes de l'ogre, il s'en
alla à la cour, où il savait qu'on était fort en peine d'une armée[26]
qui était à deux cents lieues de là, et du succès d'une bataille
qu'on avait donnée. Il alla, disent-ils, trouver le roi, et lui dit
315 que s'il le souhaitait, il lui rapporterait des nouvelles de l'armée
avant la fin du jour. Le roi lui promit une grosse somme d'argent, s'il en venait à bout. Le Petit Poucet rapporta des
nouvelles dès le soir même, et cette première course l'ayant
fait connaître, il gagnait tout ce qu'il voulait ; car le roi le payait
320 parfaitement bien pour porter ses ordres à l'armée ; et une infinité de dames lui donnaient tout ce qu'il voulait pour avoir
des nouvelles de leurs amants, et ce fut là son plus grand gain.

| **26.** On ne savait ce qu'était devenue une armée.

Il se trouvait quelques femmes qui le chargeaient de lettres pour leurs maris, mais elles le payaient si mal, et cela allait à[27]
325 si peu de chose, qu'il ne daignait mettre en ligne de compte ce qu'il gagnait de ce côté-là.

Après avoir fait pendant quelque temps le métier de courrier, et y avoir amassé beaucoup de bien, il revint chez son père, où il n'est pas possible d'imaginer la joie qu'on eut de
330 le revoir. Il mit toute sa famille à son aise. Il acheta des offices[28] de nouvelle création pour son père et pour ses frères ; et par là il les établit tous, et fit parfaitement bien sa cour en même temps.

MORALITÉ

On ne s'afflige point d'avoir beaucoup d'enfants,
335 *Quand ils sont tous beaux, bienfaits et bien grands*
Et d'un extérieur qui brille ;
Mais si l'un d'eux est faible ou ne dit mot,
On le méprise, on le raille, on le pille[29]
Quelquefois cependant c'est ce petit marmot
340 *Qui fera le bonheur de toute la famille.*

---

27. Consistait en.
28. Emplois administratifs qui s'achetaient.
29. On en dit du mal.

Questions

Repérer et analyser

Le narrateur et la formule d'entrée

1 À quelle personne le narrateur mène-t-il le récit ?

2 Le conte commence-t-il par une formule d'entrée traditionnelle ?

La structure du conte

La situation initiale et l'élément déclencheur

3 Définissez la situation initiale. Quel est le métier des parents ? Combien ont-ils d'enfants ? Quel est le manque dont ils souffrent ? Quelle est la situation du plus jeune des enfants ?

4 **a.** Relevez le verbe au passé simple et l'indication de temps qui marquent le début de l'action.

b. Quelle décision les parents prennent-ils ? Pourquoi ?

Les actions

5 Quel est le stratagème utilisé par le Petit Poucet pour retrouver son chemin ?

6 Montrez, en répondant aux questions suivantes, que l'action est sans cesse relancée par des rebondissements.

a. Lorsque les parents veulent se débarrasser une seconde fois de leurs enfants, quel obstacle empêche le Petit Poucet de renouveler son stratagème ?

b. Lorsqu'ils sont accueillis et cachés par la femme de l'ogre, que leur arrive-t-il ?

c. Lorsque l'ogre risque d'atteindre les enfants, où se cachent-ils ? Où l'ogre s'assied-il pour s'endormir ?

Les dénouements

7 **a.** Le narrateur présente deux dénouements à cette histoire. Montrez, en citant le texte, qu'il les attribue à des témoins.

b. Reformulez chacun de ces dénouements en quelques phrases.

c. Lequel est plus moral que l'autre ? Justifiez votre réponse.

Le parcours du Petit Poucet : le conte initiatique

Le conte initiatique raconte le parcours d'un personnage qui, au terme de plusieurs mises à l'épreuve, grandit et devient adulte. Il fait ainsi l'apprentissage de la vie.

8 Relevez les mots et expressions qui caractérisent le Petit Poucet au début du conte. Pourquoi a-t-il reçu ce surnom?

9 En quoi peut-on dire que le Petit Poucet effectue un véritable parcours initiatique?

a. Rappelez comment il s'y prend pour surmonter les difficultés qui se présentent. Y réussit-il à chaque fois?

b. Dites quels sont les différents lieux qui jalonnent son parcours: d'où part-il? Par où passe-t-il? Où revient-il?

c. Comparez sa situation au début et à la fin du conte. En quoi a-t-il évolué? Montrez que dans le deuxième dénouement le Petit Poucet est devenu un adulte.

Les éléments réalistes dans le conte et le merveilleux

L'histoire du Petit Poucet repose sur la misère de la France lors des années de famine à la fin du règne de Louis XIV et notamment au cours de l'hiver 1693-1694. Les guerres coûtaient cher, les récoltes étaient mauvaises, le prix des céréales avait doublé. Les pauvres mangeaient des animaux morts, des écorces d'arbres et des herbes, ce qui provoqua de nombreuses maladies mortelles.

10 a. En quoi l'argent dans ce conte est-il le moteur de l'action?

b. Montrez que l'argent est présent dans chacun des dénouements.

11 a. Relevez les termes qui font de l'ogre un personnage effrayant.

b. En quoi ses bottes sont-elles merveilleuses? Quels pouvoirs ont-elles? Sachant qu'une lieue équivaut à 4 km, combien de kilomètres l'ogre fait-il en un pas avec les bottes fées?

c. Montrez que le second dénouement ne laisse plus de place au merveilleux.

Les symboles

La symbolique des chiffres

Les contes sont souvent bâtis autour de nombres symboliques (3, 7, 12) ainsi qu'en témoignent les titres comportant le nombre des personnages («Les sept corbeaux», «Les douze frères») et les actions qui se répètent souvent par trois. Ces nombres proviennent de nombreuses mythologies, croyances ou religions.

12 Relevez la présence du chiffre sept dans le conte. Combien de fois est-il cité? Cherchez à quoi ce chiffre peut renvoyer.

La forêt

> Le passage par la forêt dans les contes constitue une épreuve initiatique qui permet à l'enfant de grandir et de construire sa personnalité.

13 Combien de fois le Petit Poucet de retrouve-t-il dans la forêt ? Relevez les expressions qui font de cette forêt un lieu effrayant. Comment le Petit Poucet s'en sort-il ? Citez le passage qui le montre juché sur un arbre, dominant la forêt.

La visée

14 Rappelez en une phrase en quoi ce conte est un conte d'initiation.
15 Quelle est la catégorie de personnages dont le narrateur fait l'éloge dans la moralité ? En quoi cette moralité s'applique-t-elle à l'histoire du Petit Poucet ?

Se documenter

La condition des paysans et les forêts dans la France d'autrefois
• Agriculteurs et bûcherons n'étaient pas propriétaires des terres qu'ils exploitaient : elles appartenaient au seigneur du lieu. Celui-ci profitait parfois de ses privilèges pour ne pas régler ses dettes ou pour payer les « manants » en retard, tout en exigeant d'eux, alors qu'il étaient souvent misérables, de lui payer des impôts. Les enfants travaillaient dès qu'ils en avaient la force physique, en aidant leurs parents ou en se plaçant comme valets de ferme ou comme domestiques.
• Les forêts étaient beaucoup plus vastes qu'aujourd'hui et mal entretenues. Elles restaient très épaisses et servaient, en dehors de la chasse, à fournir les populations en combustibles, puisqu'on ne se chauffait qu'au bois. La forêt était un lieu mystérieux, effrayant parce que dangereux à cause des loups qui, les nuits d'hiver, chassaient par bandes.

Lire

La Fugue du Petit Poucet, M. Tournier
Petit Pierre, fils du commandant Poucet, s'enfuit quand il apprend que ses parents vont quitter leur pavillon de banlieue pour aller vivre

en ville, au vingt-troisième étage d'une tour. C'est la nuit de Noël, il erre dans la forêt de Rambouillet et finit par s'endormir sous un sapin.

« Des étoiles dansent autour de lui avec des exclamations et des rires argentins. Des étoiles ? Non, des lanternes. Ce sont des gnomes qui les tiennent. Des gnomes ? Non, des petites filles. Elles se pressent autour de Pierre.

– Un petit garçon ! Perdu ! Abandonné ! Endormi ! Il se réveille. Bonjour ! Bonsoir ! Hi, hi, hi ! Comment tu t'apppelles ? Moi c'est Nadine, et moi Christine, Carine, Aline, Sabine, Ermeline, Delphine…

Elles pouffent en se bousculant, et les lanternes dansent de plus belle. Pierre [...] se lève. Les sept petites filles l'entourent, l'entraînent, impossible de leur résister.

– Notre nom de famille, c'est Logre. On est des sœurs. [...] On habite à côté. Tiens, tu vois cette lumière dans les arbres ?

Elles emmènent l'enfant dans leur maison et le présentent à leur père.

– Papa, c'est Pierre !

Logre s'est levé, et il regarde Pierre. Comme il est grand ! Un vrai géant des bois ! Mais un géant mince, flexible, où tout n'est que douceur, ses longs cheveux blonds serrés par un lacet qui lui barre le front, sa barbe dorée, annelée, soyeuse, ses yeux bleus et tendres, ses vêtements de peau couleur de miel auxquels se mêlent des bijoux d'argent ciselés, des chaînes, des colliers, trois ceinturons dont les boucles se superposent, et surtout, ah ! surtout, ses bottes, de hautes bottes molles de daim fauve qui lui montent jusqu'aux genoux, elles aussi couvertes de gourmettes, d'anneaux, de médailles. »

Michel Tournier, « Le coq de bruyère »,
In Contes et Récits, © Éditions Gallimard, 1978.

16 **a.** En quoi cet extrait est-il un détournement de conte (voir p. 65) ?
b. Quelles ressemblances présente-t-il avec le Petit Poucet ? Quelles différences ?
c. Quelle en est la visée ?

Texte 9

Peau d'Âne

Il était une fois un roi et une reine dont le bonheur fut à son comble quand leur naquit une fille.

[...] Dans son vaste et riche palais
Ce n'était que magnificence[1] ;
Partout y fourmillait une vive abondance
De courtisans et de valets ;
5   Il avait dans son écurie
Grands et petits chevaux de toutes les façons ;
Couverts de beaux caparaçons[2] ;
Raides d'or et de broderie ;
Mais ce qui surprenait tout le monde en entrant,
10   C'est qu'au lieu le plus apparent,
Un maître âne étalait ses deux grandes oreilles.
Cette injustice vous surprend,
Mais lorsque vous saurez ses vertus non pareilles[3] ;
Vous ne trouverez pas que l'honneur fût trop grand.
15   Tel et si net le forma la nature
Qu'il ne faisait jamais d'ordure[4],
Mais bien beaux écus au soleil
Et Louis[5] de toute manière,
Qu'on allait recueillir sur la blonde litière
20   Tous les matins à son réveil. [...]

---

1. Luxe raffiné et coûteux.
2. Housses ornant les chevaux dans les cérémonies.
3. Extraordinaires.

4. De crottin.
5. Les écus étaient des pièces d'argent, les louis des pièces d'or à l'effigie de Louis XIII et de ses successeurs.

Malheureusement, la reine tomba gravement malade, et, sur son lit de mort, fit promettre à son mari que, s'il se remariait, ce ne serait qu'avec une femme plus belle qu'elle. Le roi, après un moment de deuil douloureux, songea à se remarier. Lié par sa promesse, il chercha en vain une épouse dans les cours étrangères et s'aperçut que la seule qui fut plus belle que la défunte reine était leur fille. Il en tomba éperdument amoureux et lui manifesta son désir de l'épouser. La jeune princesse fut très affligée des intentions de son père.

De mille chagrins l'âme pleine,
Elle alla trouver sa marraine,
Loin dans une grotte à l'écart
De nacre et de corail richement étoffée[6].
25   C'était une admirable fée
Qui n'eut jamais de pareille en son art.
Il n'est pas besoin qu'on vous die[7]
Ce qu'était une fée en ces bienheureux temps ;
Car je suis sûr que votre mie[8]
30   Vous l'aura dit dès vos plus jeunes ans.

« Je sais, dit-elle, en voyant la princesse,
Ce qui vous fait venir ici,
Je sais de votre cœur la profonde tristesse ;
Mais avec moi n'ayez plus de souci.
35   Il n'est rien qui vous puisse nuire
Pourvu qu'à mes conseils vous vous laissiez conduire.
Votre père, il est vrai, voudrait vous épouser ;
Écouter sa folle demande
Serait une faute bien grande,
40   Mais sans le contredire on le peut refuser.

6. Décorée.
7. « Dise » : subjonctif ancien.
8. Vient de « m'amie » qu'on a fini par écrire « ma mie », terme d'affection donné aux gouvernantes d'enfants.

Dites-lui qu'il faut faut qu'il vous donne
      Pour rendre vos désirs contents,
Avant qu'à son amour votre cœur s'abandonne,
Une robe qui soit de la couleur du temps.
45   Malgré tout son pouvoir et toute sa richesse,
Quoique le Ciel en tout favorise ses vœux,
Il ne pourra jamais accomplir sa promesse. »

        Aussitôt la jeune princesse
L'alla dire en tremblant à son père amoureux
50   Qui, dans le moment, fit entendre
         Aux tailleurs les plus importants
Que s'ils ne lui faisaient, sans trop le faire attendre,
Une robe qui fût de la couleur du temps,
Ils pouvaient s'assurer qu'il les ferait tous pendre.

55   Le second jour ne luisait pas encore
       Qu'on apporta la robe désirée ;
         Le plus beau bleu de l'Empyrée[9]
N'est pas, lorsqu'il est ceint de gros nuages d'or,
         D'une couleur plus azurée.
60   De joie et de douleur l'infante pénétrée
       Ne sait que dire ni comment
      Se dérober à son engagement.
        « Princesse, demandez-en une,
       Lui dit sa marraine tout bas,
65   Qui, plus brillante et moins commune,
       Soit de la couleur de la lune.
       Il ne vous la donnera pas. »
À peine la princesse en eut fait la demande
       Que le roi dit à son brodeur :
70   « Que l'astre de la nuit n'ait pas plus de splendeur

| **9.** Firmament, ciel.

Et que dans quatre jours, sans faute, on me la rende. »
Le riche habillement fut fait au jour marqué,
      Tel que le roi s'en était expliqué.
Dans les cieux où la nuit a déployé ses voiles,
75   La lune est moins pompeuse[10] en sa robe d'argent
Lors même qu'au milieu de son cours diligent[11]
Sa plus vive clarté fait pâlir les étoiles.
La princesse admirant ce merveilleux habit,
Était à consentir presque délibérée[12];
80   Mais, par sa marraine inspirée,
        Au prince amoureux elle dit :
         « Je ne saurais être contente
Que je n'aie une robe encore plus brillante
       Et de la couleur du soleil. »
85   Le prince, qui l'aimait d'un amour sans pareil,
Fit venir aussitôt un riche lapidaire[13]
        Et lui commanda de la faire
D'un superbe tissu d'or et de diamants,
Disant que s'il manquait à le bien satisfaire,
90   Il le ferait mourir au milieu des tourments[14].

Le prince fut exempt de s'en donner la peine[15]
       Car l'ouvrier industrieux[16],
       Avant la fin de la semaine,
    Fit apporter l'ouvrage précieux,
95   Si beau, si vif, si radieux,
      Que le blond amant de Climène[17]
      Lorsque sur la voûte des cieux
      Dans son char d'or il se promène,

---

10. Somptueuse.
11. Sa course rapide.
12. Décidée.
13. Artisan qui taille les pierres précieuses.
14. Supplices.

15. Le prince n'eut pas à se donner cette peine.
16. Habile.
17. Allusion à l'Apollon, dieu de la mythologie grecque.

D'un plus brillant éclat n'éblouit pas les yeux.
100   L'infante[18] que ces dons achèvent de confondre[19],
À son père, à son roi ne sait plus que répondre.
Sa marraine aussitôt la prenant par la main :
      « Il ne faut pas, lui dit-elle à l'oreille,
        Demeurer en si beau chemin ;
105   Est-ce une si grande merveille
      Que tous ces dons que vous en recevez,
      Tant qu'il aura l'âne que vous savez,
      Qui d'écus d'or sans cesse emplit sa bourse ?
Demandez-lui la peau de ce rare animal.
110   Comme il est toute sa ressource
Vous ne l'obtiendrez pas, ou le raisonne mal. »

      Cette fée était bien savante,
    Et cependant elle ignorait encore
Que l'amour violent, pourvu qu'on le contente,
115   Compte pour rien l'argent et l'or ;
La peau fut galamment[20] aussitôt accordée
      Que l'infante l'eut demandée.

      Cette peau, quand on l'apporta,
      Terriblement l'épouvanta
120   Et la fit de son sort amèrement se plaindre.
Sa marraine survint, et lui représenta[21]
Que quand on fait le bien on ne doit jamais craindre ;
      Qu'il faut laisser penser au roi
      Qu'elle est tout à fait disposée
125   À subir avec lui la conjugale loi[22],
Mais qu'au même moment, seule et bien déguisée,

---

18. La princesse.   **20.** Avec politesse et   **21.** Lui fit comprendre.
19. Troubler.   empressement.   **22.** Se marier.

Il faut qu'elle s'en aille en quelque État lointain
Pour éviter un mal si proche et si certain.

« Voici, poursuivit-elle, une grande cassette[23]
130   Où nous mettrons tous vos habits,
                    Votre miroir, votre toilette[24],
                    Vos diamants et vos rubis.
                    Je vous donne encore ma baguette ;
                    En la tenant en votre main,
135   La cassette suivra votre même chemin,
                    Toujours sous la terre cachée
                    Et lorsque vous voudrez l'ouvrir,
À peine mon bâton la terre aura touchée
Qu'aussitôt à vos yeux elle viendra s'offrir.

140   Pour vous rendre méconnaissable,
La dépouille de l'âne est un masque[25] admirable.
                    Cachez-vous bien dans cette peau,
On ne croira jamais, tant elle est effroyable,
                    Qu'elle renferme rien de beau. […] »

Au matin du jour prévu pour ses noces, la princesse s'enfuit, au grand désespoir du roi, et nul ne parvint à la retrouver. Elle s'en alla très loin du palais, cherchant en vain du travail, puis finit par être acceptée dans une ferme où elle fut chargée des tâches les plus répugnantes. En effet, sous sa peau d'âne, le visage « couvert d'une vilaine crasse », elle dégoûtait tout le monde.

23. Coffre.
24. Sorte de nappe en toile avec des poches où l'on rangeait tout ce qu'il fallait pour se lever et se coiffer, et que l'on dépliait sur une table au moment de faire sa toilette.
25. Déguisement.

145   On la mit dans un coin au fond de la cuisine
           Où les valets, insolente vermine,
              Ne faisaient que la tirailler,
              La contredire et la railler ;
           Ils ne savaient quelle pièce[26] lui faire,
150   La harcelant à tout propos ;
              Elle était la butte ordinaire
      De tous leurs quolibets et de tous leurs bons mots.

      Elle avait le dimanche un peu plus de repos
      Car, ayant du matin fait sa petite affaire[27]
155   Elle entrait dans sa chambre et tenant son huis clos[28],
      Elle se décrassait, puis ouvrait sa cassette,
              Mettait proprement sa toilette,
              Rangeait dessus ses petits pots.
      Devant son grand miroir, contente et satisfaite,
160   De la lune tantôt la robe elle mettait,
      Tantôt celle où le feu du soleil éclatait,
              Tantôt la belle robe bleue
      Que tout l'azur des cieux ne saurait égaler,
      Avec ce chagrin seul que leur traînante queue[29]
165   Sur le plancher trop court ne pouvait s'étaler.
      Elle aimait à se voir jeune, vermeille et blanche
      Et plus brave[30] cent fois que nulle autre n'était ;
              Ce doux plaisir la sustentait[31]
      Et la menait jusqu'à l'autre dimanche. [...]

*Cette ferme comportait une immense volière appartenant
au roi de ce pays lointain.*

---

26. Farce.
27. Son travail du matin.
28. Sa porte fermée.

29. Trame.
30. Élégante.
31. La soutenait moralement.

170   Le fils du roi dans ce charmant séjour
         Venait souvent, au retour de la chasse,
              Se reposer, boire à la glace[32.]
              Avec les seigneurs de sa cour.
              Tel ne fut point le beau Céphale[33] :
175   Son air était royal, sa mine martiale,
         Propre à faire trembler les plus fiers bataillons.
         Peau d'Âne de fort loin le vit avec tendresse,
              Et reconnut par cette hardiesse
              Que sous sa crasse et ses haillons
180   Elle gardait encore le cœur d'une princesse.

         « Qu'il a l'air grand, quoiqu'il l'ait négligé,
              Qu'il est aimable, disait-elle,
              Et que bienheureuse est la belle
              À qui son cœur est engagé !
185   D'une robe de rien, s'il m'avait honorée,
              Je m'en trouverais plus parée
              Que de toutes celles que j'ai. »

         Un jour le jeune prince, errant à l'aventure
              De basse-cour en basse-cour,
190   Passa dans une allée obscure
         Où de Peau d'Âne était l'humble séjour.
         Par hasard il mit l'œil au trou de la serrure.
              Comme il était fête ce jour,
         Elle avait pris une riche parure
195   Et ses superbes vêtements
         Qui, tissus de fin or et de gros diamants,
         Égalaient du soleil la clarté la plus pure.

---

32. Consommer des boissons rafraîchies dans une cave où l'on conservait de la glace.
33. il était encore pins beau que ce héros de la mythologie.

Le prince au gré de son désir
La contemple et ne peut qu'à peine,
200 En la voyant, reprendre haleine,
Tant il est comblé de plaisir.
Quels que soient les habits, la beauté du visage,
Son beau tour[34], sa vive blancheur,
Ses traits fins, sa jeune fraîcheur
205 Le touchent cent fois davantage;
Mais un certain air de grandeur,
Plus encore une sage et modeste pudeur,
Des beautés de son âme assuré témoignage,
S'emparèrent de tout son cœur. [...]

Le prince s'éprit de Peau d'Âne au point d'en tomber malade.
Sa mère la reine s'en inquiéta, et consentit à satisfaire au
caprice de son fils, qui demanda un gâteau confectionné par
Peau d'Âne.

210 Peau d'Âne donc prend sa farine
Qu'elle avait fait bluter[35] exprès
Pour rendre sa pâte plus fine
Son sel, son beurre et ses œufs frais;
Et pour bien faire sa galette,
215 S'enferme seule en sa chambrette.

D'abord elle se décrassa
Les mains, les bras et le visage,
Et prit un corps[36] d'argent que vite elle laça
Pour dignement faire l'ouvrage
220 Qu'aussitôt elle commença.

34. La belle forme du visage.
35. Tamiser.

36. Partie haute du vêtement féminin qui se laçait dans la dos.

On dit qu'en travaillant un peu trop à la hâte,
De son doigt par hasard il tomba dans la pâte
              Un de ses anneaux de grand prix ;
Mais ceux qu'on tient savoir le fin de cette histoire[37]
225 Assurent que par elle exprès il y fut mis ;
Et pour moi franchement je l'oserais bien croire,
Fort sûr que, quand le prince à sa porte aborda
              Et par le trou la regarda,
              Elle s'en était aperçue :
230   Sur ce point la femme est si drue[38]
              Et son œil va si promptement
              Qu'on ne peut la voir un moment
              Qu'elle ne sache qu'on l'a vue.
Je suis bien sûr encore, et l'en ferais serment,
235 Qu'elle ne douta point que de son jeune amant
              La bague ne fût bien reçue.

On ne pétrit jamais un si friand morceau,
Et le prince trouva la galette si bonne
Qu'il ne s'en fallut rien que d'une faim gloutonne
240   Il n'avalât aussi l'anneau.
       Quand il en vit l'émeraude admirable,
              Et du jonc d'or[39] le cercle étroit,
              Qui marquait la forme du doigt,
Son cœur en fut touché d'une joie incroyable. […]

*Le prince demanda alors qu'on lui donne en mariage celle
qui aurait un doigt assez mince pour que la bague trouvée
dans la galette lui aille. Toutes les jeunes filles essayèrent en
vain celle-ci, des princesses aux domestiques. Enfin Peau d'Âne*

---

37. Ceux qui passent pour savoir le secret   **38.** Vive.
de cette histoire.   **39.** Anneau d'or.

l'essaya à son tour, et, à la surprise générale, la bague lui alla parfaitement. Quand on voulut la conduire au palais royal, elle demanda qu'on la laisse se changer. Nouvelle surprise : on vit arriver une ravissante personne, blonde aux yeux bleus, à la taille fine mise en valeur par de magnifiques vêtements.

245 Dans la joie et le bruit de toute l'assemblée,
　　　　Le bon roi ne se sentait pas
　　　De voir sa bru posséder tant d'appas.
　　　　La reine en était affolée[40],
　　　　Et le prince, son cher amant,
250 　　　De cent plaisirs l'âme comblée,
Succombait sous le poids de son ravissement.

　Pour l'hymen aussitôt chacun prit ses mesures
　Le monarque en pria tous les rois d'alentour,
　　　Qui, tous brillants de diverses parures,
255 Quittèrent leurs États pour être à ce grand jour.
On en vit arriver des climats de l'Aurore[41],
　　　　Montés sur de grands éléphants
　　　　Il en vint du rivage More[42],
　　　　Qui, plus noirs et plus laids encore,
260 　　　Faisaient peur aux petits enfants ;
　　　　Enfin, de tous les coins du monde,
Il en débarque, et la cour en abonde.

　　　　Mais nul prince, nul potentat,
　　　　N'y parut avec tant d'éclat
265 　　　Que le père de l'épousée,
　　　　Qui, d'elle autrefois amoureux,
Avait, avec le temps, purifié les feux

| **40.** En était folle, était séduite par elle. | **41.** De l'Asie. | **42.** De l'Afrique du Nord.

Dont son âme était embrasée.
Il en avait banni tout désir criminel
270   Et de cette odieuse flamme
Le peu qui restait dans son âme
N'en rendait que plus vif son amour paternel.
Dès qu'il la vit : « Que béni soit le ciel
Qui veut bien que je te revoie,
275 Ma chère enfant », dit-il, et tout pleurant de joie,
Courut tendrement l'embrasser ;
Chacun à son bonheur voulut s'intéresser,
Et le futur époux était ravi d'apprendre
Que d'un roi si puissant il devenait le gendre.

280   Dans ce moment la marraine arriva
Qui raconta toute l'histoire,
Et par son récit acheva
De combler Peau d'Âne de gloire.

Le conte se conclut par des moralités, et souligne la valeur éternelle de cette histoire.

Repérer et analyser

Le genre du texte et le narrateur

1 Quelle différence faites-vous entre les vers et la prose ? En quoi ce conte diffère-t-il par sa forme des autres contes présentés dans le recueil ?

2 À quelle personne le narrateur mène-t-il le récit ?

3 Le narrateur emploie les pronoms « je » (« je suis sûr », v. 29 ; « je l'oserais bien croire », v. 226 ; « Je suis bien sûr encore », v. 234) et « vous » (« Cette injustice vous surprend », v. 12 ; « Vous ne trouverez pas », v. 14) : qui ces pronoms désignent-ils ? Quel est l'effet produit par leur emploi dans le conte ?

La structure du conte

La situation initiale et l'élément déclencheur

4 En quoi la situation de départ est-elle heureuse pour les personnages ? Qui sont ces personnages ? Appuyez-vous sur le texte et le hors-texte pour répondre.

5 **a.** Quel événement marque une rupture ?

b. Quel est le manque dont souffre désormais le roi ? Par quelle promesse est-il lié ?

c. Comment cherche-t-il à combler ce manque ?

Les actions et les forces agissantes

6 Les adjuvants et les opposants

a. En quoi le roi devient-il un opposant pour sa fille ?

b. À quel personnage la princesse demande-t-elle de l'aide ?

7 Les épreuves

a. À quelles épreuves la princesse soumet-elle le roi ? Combien y en a-t-il ? Montrez que ces épreuves sont de difficultés croissantes.

b. Le roi les réussit-il ?

8 Le changement d'identité

En quoi la princesse change-t-elle d'identité ? Pour quelle raison ? Quelle vie mène-t-elle ?

9 La rencontre amoureuse

a. Montrez que Peau d'Âne voit le prince sans en être vue et qu'ensuite c'est lui qui la voit.

b. Les sentiments qu'ils éprouvent l'un pour l'autre sont-ils réciproques ? Citez le texte.

10 Le signe de reconnaissance

Quel est l'objet qui permet au prince de retrouver Peau d'Âne ?

Le dénouement

11 Quel est le dénouement du conte ? Est-il heureux ? En quoi le roi a-t-il évolué ?

Le cadre

12 **a.** Les différents royaumes (celui du père de Peau d'Âne, celui du prince) sont-il localisés ?

b. Dans quels différents lieux l'action se déroule-t-elle ? Quels sont ceux qui sont somptueux et féeriques ? Quel est celui qui est misérable ?

Le personnage de Peau d'Âne

13 Quels sont les principaux traits physiques de Peau d'Âne ?
Appuyez-vous sur la vision qu'elle a d'elle-même dans le miroir (v. 165-166) et sur la vision qu'en a le prince (v. 203 à 205). Prenez aussi en compte le hors-texte entre les vers 244 et 245.

14 **a.** De quelles qualités morales fait-elle preuve tout au long du conte ?

b. Montrez, en citant le texte, qu'elle conserve le cœur d'une princesse et qu'elle possède l'art de séduire celui qu'elle aime.

Les éléments merveilleux

L'âne magique

15 **a.** Quel pouvoir magique l'âne possède-t-il ?

b. En quoi a-t-il été un adjuvant à la fois pour le roi et pour la princesse ?

c. Montrez qu'il donne à la princesse une nouvelle identité.

Les robes merveilleuses

16 **a.** Combien de robes le roi offre-il à la princesse ? Relevez les expressions qui caractérisent chacune d'elles.

b. Laquelle a été la plus difficile à confectionner ? Quels sont les différents artisans qui ont travaillé à ces robes ?

c. Quel rôle ces robes jouent-elles dans la séduction que la princesse exerce sur le prince ?

La marraine la fée

17 **a.** Relevez les mots qui la caractérisent, elle et sa demeure.

b. Quels conseils la fée donne-t-elle à sa filleule ?

c. Ses prévisions sont-elles toujours justes ?

Le regard du narrateur et la visée

18 Quel commentaire le narrateur fait-il :
– sur la fée et sur l'amour (v. 112 à 117) ;
– sur Peau d'Âne et sur les femmes en général (v. 221 à 236) ?

19 Le courage et la vertu de Peau d'Âne sont-ils récompensés ?

20 Quelle est la visée morale du conte ? Quelle est l'autre visée ?

Questions de synthèse

Contes de Perrault

L'ouverture du conte et le cadre

1 **a.** Par quelle formule la plupart des contes commencent-ils ?
b. Relevez quelques expressions qui lancent l'action ainsi que le temps de l'indicatif utilisé. Y a-t-il des expressions qui reviennent ?

2 **a.** Retrouvez les contes dont l'action a pour cadre la campagne.
b. Dans quel conte y a-t-il une garenne, un champ de blé, une rivière ? Dans quel conte y a-t-il une fontaine ?

3 **a.** Retrouvez les contes dont l'action se déroule en partie dans une forêt ou dans un bois.
b. Dans quels contes cette forêt est-elle inquiétante ? Dans quels contes est-elle bénéfique car liée à la rencontre amoureuse ?

La condition sociale des personnages

4 Faites la liste des demeures où habitent les personnages suivants : les parents de Cendrillon, le père de Peau d'Âne, Peau d'Âne, la Barbe bleue, l'ogre du Chat botté, la Belle au bois dormant. Vous les mettrez en relation avec la condition sociale (noble, paysan…) et la situation de fortune des personnages (riche, pauvre).

Les forces agissantes : le schéma actantiel

Le schéma actantiel permet d'identifier les forces agissantes qui s'exercent sur un personnage appelé sujet. Il convient de se poser les questions suivantes à propos de ce personnage :
– Quel est son manque ou que cherche-t-il à obtenir (objet de la quête) ?
– Quelles sont ses motivations à agir (destinateur) : un autre personnage qui le pousse, l'amour, la jalousie, la faim, le désir d'être heureux… ?
– Qui l'aide dans cette quête : personnage, objet magique, qualité du héros… (adjuvants) ?
– Qui lui fait obstacle (opposants) ?
– Pour qui agit-il : pour lui-même ? pour un autre personnage (bénéficiaire) ?

5 **a.** Élaborez le schéma actantiel à partir des personnages du *Petit Poucet* et du chat dans *Le Chat botté*.
b. Comparez la situation initiale et la situation finale de chacun des héros des contes que vous avez étudiés : quels sont ceux qui ont obtenu ce qu'ils recherchaient ? Dans quel conte le dénouement est-il malheureux pour le héros ?

Le merveilleux

6 **a.** Faites la liste des éléments merveilleux qui apparaissent dans chacun des contes étudiés puis classez-les : personnages (ogres, fées…), animaux, objets, végétaux, métamorphoses.
b. Lesquels sont des adjuvants pour le héros (lui sont bénéfiques) ? Lesquels sont des opposants (lui sont maléfiques) ?

Les éléments réalistes

7 Quels sont les éléments de la réalité de la France du XVIIe siècle (situation économique du pays, rang social, maisons…) que l'on retrouve dans les contes ? Donnez des exemples.

La visée

8 **a.** Quels contes se présentent comme un conte d'avertissement ? Quel conte se présente comme un conte d'initiation ? Quel conte présente une transgression ? Y a-t-il punition ?
b. Quelles sont les principales valeurs morales mises en avant dans les contes ? Quelle est l'autre visée ?

Écrire

9 Écrivez un détournement de conte à partir d'un des contes que vous avez étudiés. Respectez les codes du genre (trame de l'histoire semblable, action se déroulant au XXe siècle). Pour cela, aidez-vous de la p. 65.

Index des rubriques

Table des illustrations

2h, 2g ph © Archives Hatier

2d   ph ©   Collection Roger-Viollet

4, 5 ph ©   Archives Hatier

9, 26, 34, 93 ph © Archives Hatier.
          Illustrations de Gustave Doré

45   ph ©   Archives Hatier © D.R.
          Illustration de Lucien Boucher

47   ph ©   Archives Hatier

55, 74, 80   Collection Kharbine Tapabor

66, 104 ph © Archives Hatier.
          Illustrations d'Adrien Marie, 1884

86   ph ©   Archives Hatier.
          Illustration de chez Barbin, 1697

110 ph ©   Archives Hatier. Illustration de
          Clément-Pierre Marillier, 1785

et 21, 22, 23, 24, 25, 30, 31, 32, 33, 42, 43, 44, 52, 53, 54, 59, 60, 61, 62, 63, 64, 65, 76, 77, 78, 79, 90, 91, 92, 106, 107, 108, 109, 123, 124, 125 (détail) ph © Archives Hatier

Iconographie : Hatier Illustration

Graphisme : mecano-Laurent Batard

Mise en page : ALINÉA

Imprimé en France par l'imprimerie Hérissey à Évreux - N° 104760
Dépôt légal n° 57182 - mai 2007